Bernhard Müller

• Um Himmels willen •

Bernhard Müller

Um Himmels willen

Karikaturen zum Thema Kirche und Religion

Ein Arbeitsbuch

Kösel/Calwer

Bereits erschienen:
Bernhard Müller
Menschlich-Allzumenschlich
Karikaturen für Religionsunterricht und Ethik
München/Stuttgart 1992
ISBN 3-466-36365-9 (Kösel)
ISBN 3-7668-3192-5 (Calwer)

Gesamtherstellung: Kösel, Kempten
Umschlag: Kaselow Design, München
Umschlagmotiv: ©Tomaschoff / Baaske Cartoons, München
1 2 3 4 5 · 00 99 98 97 96

ISBN 3-466-36444-2 (Kösel)
ISBN 3-7668- 3420-7 (Calwer)

Inhalt

I Einleitung   7

II Denk-Anstoß   11

    Sajtinac: Vergelt's Gott   12

III Das Kreuz   15

    1 Naranjo: Die Anbetung   16
    2 Rauch: Zensur   19
    3 Weber: Schwarz und Weiß   22
    4 Weber: Sturmgepäck   25

IV Die Kirche   29

    1 Erlinghäuser: Das Konklave   30
    2 Rauch: Der Bovist   33
    3 Steiger: Die Verwaltung   36
    4 Mandzel: Zeichen der Zeit   39

V Amt und Macht   41

    1 Weber und El Greco: Der Großinquisitor   42
    2 Masereel: Die Kirche – 1916   48
    3 Kobylinski: Die Predigt   51
    4 Stauber: Himmels-Hierarchie   54

VI Lehre 57

1 Weber: Humanae Vitae 58
2 Leischner: Die Begradigung 62
3 Leischner: Der Hirtenbrief 65
4 Steiger: Das Siegertreppchen 69

VII Himmlische Mächte 71

1 Gulbransson: Der Mensch denkt 72
2 Quino: Der Altar 75
3 Tomaschoff: Der Jongleur 78
4 Kley: Pfui Deifel! 81

VIII Die Menschen und ihr Glaube 85

1 Gott ist tot! 86
2 Quino: Geschäfte 89
3 Volland: Erziehung 92
4 Weber: Die Sünderin 95

IX Und das Ende? 97

1 Erlinghäuser: Kirche der Zukunft? 98
2 Ballesta: Und die Steuernummer? 102
3 Wessum: Die Wahrheit 105
4 Rencin: Und das Ende? 108

Stichwortregister 111

Bildquellen 117

I Einleitung

»Alles schön un jut, wirklich.« Mein Gegenüber, ein älterer Berufsschullehrer eindeutig rhenanen Ursprungs, blickt mich kritisch von unten an.

»Schöne Sachen haben se uns da jezeicht, Herr Müller, wirklich schön, kann ich fast allet jebrauchen. Aber eins würd' mich ja doch so alljemein interessieren«, – er rückt die Nickelbrille hoch und kommt zur Sache, der Akzent ist plötzlich verschwunden: »Warum haben Sie uns eigentlich so wenig Karikaturen gezeigt, in denen es tatsächlich um religiöse Fragen geht?«

Da hatte er mich. Die Antwort ist heute dieselbe wie damals: Jeden Tag wird weltweit ein Swimmingpool voll Karikaturen und Cartoons veröffentlicht. Eine Badewanne aus dieser Flut ist treffend, bissig, aktuell. Langfristig wertvoll gerade eine Waschschüssel. Was davon auch noch eine religiöse Thematik hat, paßt gut ins Seitenfach einer Kulturtasche.

Im Laufe der letzten Jahre konnte ich, um im Bilde zu bleiben, eine Schüssel füllen. Während sich der erste Band dieser Veröffentlichungen um die Anthropologie kümmerte (Menschlich – Allzumenschlich. Karikaturen für Religionsunterricht und Ethik. München, Kösel, und Stuttgart, Calwer 1992), will sich der vorliegende Band religiös-theologischen Arbeiten zuwenden, die im Unterricht wertvoll werden können. Auch die
>»Karikaturen zum Thema Kirche und Religion«
sind wieder generell offen interpretierbar und fachübergreifend einzusetzen.

Der Untertitel »Karikaturen« galt bereits für den ersten Band dieser Veröffentlichungen nur in Grenzen: Hier springt eine Lithographie ins Auge, dort eine Tuschearbeit – und schon ist man weg vom reinen Medium der Karikatur, hin zum Medium Bild. Es ist der automatischen Erweiterung des suchenden Blicks zuzuschreiben, der zuerst auf Karikaturen und Cartoons haften blieb, dann aber unwillkürlich weitere Bilder mit einbezog, die es wert waren, veröffentlicht zu werden. So stimmt der Untertitel auch diesmal nicht ganz: Niemand wird Weber einen Cartoonisten nennen, erst recht nicht El Greco! Der Einfachheit halber bleibt der Untertitel, der, so ganz präzise formuliert, zu einem verbalen Regenwurm würde.

Offensichtlich hat sich der grundlegende Zugriff des ersten Bandes bewährt, und die gliedernde, auch visuell stützende Vierteilung soll bestehen bleiben:

1. Beschreibung des Geschehenen

Oft ist an Karikaturen gerade das Detail interessant: Viele Zeichner arbeiten mit künstlerischer Fähigkeit und Ambition, mit ironisierender Zweideutigkeit ebenso wie mit eindeutiger Ironie. Jede der vorgestellten Arbeiten wurde auf ihre praktische Verwertbarkeit hin in mindestens drei Lerngruppen verschiedenen Alters (5-13) erprobt. Die Erfahrungen des konkreten Unterrichts fließen selbstverständlich in die einzelnen Darstellungen ein. Probleme, die in der Praxis auftraten, werden offen und ehrlich in Punkt 4 dargestellt – aber auch erfolgreich gegangene Wege.

2. Ansätze zur Interpretation

Hier werden Ideen vorgestellt, wie das Medium eingesetzt werden kann. Ideen, Inspirationen, Anregungen, die nicht als gängelnde Hundeleine zu verstehen sind.

3. Didaktik und Methodik

Meint Fragen nach dem »Wie« des Vorgehens und brütet meist die unter 1. und 2. gelegten Eier aus, – mag sein, daß ab und an auch ein faules dabei ist. Auf die genaue Analyse des Gegenstandes wird zumeist verzichtet, da ich altgedienten und gut ausgebildeten Kollegen nicht mit Selbstverständlichem kommen möchte; wo nötig, fallen einige Bemerkungen. Gerade der Bereich der Methode bleibt das Feld, das jede und jeder auf die eigene, bevorzugte Art abernten mag.

4. Erfahrungen der Praxis

Die beste Unterrichtsvorbereitung scheitert oft an Kleinigkeiten. Am schönsten Medium finden sich plötzlich Facetten, die den Unterricht zum verwirrenden Labyrinth werden lassen. Bereich 4 soll offen und ehrlich auf Probleme und Hindernisse aufmerksam machen, die in der Alltagsarbeit auftraten, – aber auch auf Erfolgserlebnisse.
Querverweise zu Richtlinien und Lehrplänen unterbleiben bewußt: Am besten, man läßt sich beim Durchblättern der Sammlung von den Bildern

selbst ansprechen und von der eigenen Intuition leiten. Als konkrete Hilfe findet sich am Ende des Bandes ein ausführliches Stichwortverzeichnis, aus dem schnell ein Überblick zu gewinnen ist, welche Karikaturen einem Themenbereich zuzuordnen sind.

Bei der Arbeit an diesem Band sind mir einige Aspekte nach und nach immer bedeutsamer geworden, so daß eine Erwähnung vorab angebracht scheint.

Da ist zuerst einmal das Werk A. Paul Webers, dessen tiefgründige, unergründbare, ja boshafte Arbeiten sich in einer spürbaren Haßliebe doch immer wieder um religiöse Fragen drehen; Bilddidaktik im Religions- und Ethikunterricht aller Konfessionen ist zu lange ohne ihn ausgekommen, ihm ausgewichen, von einzelnen Ausnahmen abgesehen.

Als faszinierend erwies sich der Versuch, Webers (schon bekannten und eingesetzten) Großinquisitor mit der Originalvorlage El Grecos zu vergleichen und hierbei den Kunstunterricht zu Rate zu ziehen: für beide Fächer ein fruchtbarer Prozeß gegenseitigen Kennen- und Verstehenlernens und gegenseitiger Ergänzung.

Weiterhin war es mir möglich, einen ganz neuen Weg der »Materialbeschaffung« zu gehen, der uns normalerweise leider versagt ist: *Erlinghäuser*, ein junger, begabter Cartoonist, hat nach meinen Ideen zwei kritische Arbeiten angefertigt, und *Leischner*, ebenfalls ein neues Talent, arbeitete zwei Vorlagen aus dem letzten Jahrhundert um auf heutige Verhältnisse, wie er sie sieht; unerwarteterweise wurde der Vergleich der Vorlagen und der Neufassungen, das Suchen nach Intention und Darstellungsweise des alten und zeitgenössischen Künstlers ein tiefgründiges Spiel mit kreativen Möglichkeiten.

Abschließend eine Bemerkung: Lebhaft ist mir noch jener Grundsatz der Ausbildung im Studienseminar gegenwärtig:

Bauen Sie nie eine Stunde, bloß weil Sie ein tolles Medium haben! Ein Medium ersetzt keine didaktische Begründung!

Letzteres ist sicher wahr. Aber die Prämisse? Warum eigentlich nicht einmal einen Exkurs wagen, um den Acht-Stunden-Reihentakt zu durchbrechen? Warum eigentlich nicht einmal eine Spontaneität und die Freude am Unerwarteten? Warum eigentlich nicht viel öfter die Nutzung der Freiräume, die unser Fach uns läßt?

Inzwischen habe ich Karikaturen und Bilder oft eingesetzt: in »normal geplantem« Unterricht; in diversen Vertretungsstunden; in den berüchtigten »letzten Stunden vor den Ferien« – aber auch in der Gemeindearbeit mit Jugendlichen und Erwachsenen und auf Exerzitien. Ich hoffe, daß jeder die Erfahrung machen wird: Vernünftig dosiert, wirken gute Karikaturen wie kleine Sonnenstrahlen im Einheitsnebel des alltäglichen Schulmorgens.

II
Denk-Anstoß

Sajtinac: Vergelt's Gott

Da sitzen zwei Gestalten in der Ecke, Bettler, abgedrängte Randfiguren, Pennertypen – ein Bischof und ein (der?) Teufel. Der Kirchenmann ist in sich selbst gekehrt, verhärmt, abgeschottet. Selbstsicher der Teufel, der voll Häme zum die Augen verschließenden Partner grinst: Sein Napf ist voll, quillt über: Geht es dem Teufel, wie die Kirche in die Nichtigkeit verbannt, im Elend nicht immer noch besser als der Kirche?

Mit Karikaturen ist es wie mit Bildern: manche sind Kunst, manche Landschaft mit Hirsch; manche sprechen an, machen betroffen, andere wiederum sind plattes Klischee oder der vierte verwässerte Aufguß einer einst wirkkräftigen Vorlage. Beim ersten Schauen schien mir Sajtinacs Arbeit irgendwo in der Mitte zu liegen. Aber Moment mal – Sajtinac? Hat der nicht die Seite 3 im Zeit-Magazin? Ist dir da nicht neulich schon mal etwas aufgefallen?
Dem ersten Blick folgen weitere. In meinem Kopf geschieht etwas, etwas formt sich, neue Verbindungen, interessante Querschaltungen. Neue Gedanken öffnen sich, und irgendwie ist dieser Cartoon bedeutungsvoll, gehaltvoll für mich geworden. Was eine gute Arbeit von einer schlechten unterscheidet? Ich denke, das ist gerade klar geworden.

Die Karikatur regt zu interessanten Fragen an:
- Beide Gestalten sind Außenseiter. Himmel und Hölle sind bedeutungslos, angewiesen auf die Gnade einer Gesellschaft, die sie übersieht, über sie hinweggehen möchte: Nach dem Jenseits, nach Kirche und Chaos, nach Gott und Satan fragt man nicht mehr.
- Versunken in allgemeiner Interesselosigkeit, obsiegt im Vergleich der Teufel. Das Satanisch-Böse besitzt mehr Anziehungskraft auch im Hintergrund, mehr Verständnis findet Sünde als Tugend, das Gute hat ausgedient und ausgepredigt.
- Im Hintergrund erhebt sich als Repräsentant der Bedeutungslosigkeit ein weißer Kirchturm; Mithra und Kreuz werden zu symbolverlorenen Kleidungsstücken – Kirche als augenschließende Restexistenz?
- Kein anderer ist zu sehen. In typischem Sajtinac-Szenario der mit gleichgültigem Dreck verschmutzten Ebenen glänzen die Menschen durch Abwesenheit – glänzt die Menschlichkeit durch Abwesenheit?

Sajtinacs Arbeit läßt sich – wie viele gute Arbeiten – auf verschiedenen Ebenen, nach verschiedenen Seiten hin auslegen, und gewiß spielen hier diverse Faktoren eine Rolle: die Altersstufe der Schüler und Schülerinnen, das gerade »behandelte« Thema, die Interessenlage der Lehrkraft, das aktuelle Zeitgeschehen, über das wir in den Medien informiert werden: Wie ist das mit Kirche und ihrer (Ohn?-)Macht in Zeiten, in denen man an wenig glaubt außer an persönliches Wohlergehen und Entertainment? Wo ist die Rest-Macht ihrer Amtsträger im gesellschaftlichen und moralischen Bereich?

Wie steht es mit der Macht des Satanischen? Erleben wir nicht immer wieder, wie das Böse in einem virulenten Prozeß mutiert, wächst, überwältigt? Ist es wirklich eine abgerissene Resterscheinung, der nur noch Boshaftigkeit bleibt? Wie steht es um die Gesellschaft? Ist sie tatsächlich so hohl, sinnentleert, abgerissen und weggeworfen, wie Sajtinac sie zu zeigen pflegt? Ist er nicht so sehr erpicht darauf, das Negative anzuprangern, daß er Positives nicht mehr zu sehen vermag?

Die möglichen Ideen, Spontaneitäten, Variationen sind also vielfältig und oft, gerade im kreativen Prozeß des Unterrichts, nicht geradlinig planbar. Und das macht gerade den Reiz des Ganzen aus.

III
Das Kreuz

III,1 Naranjo: Die Anbetung

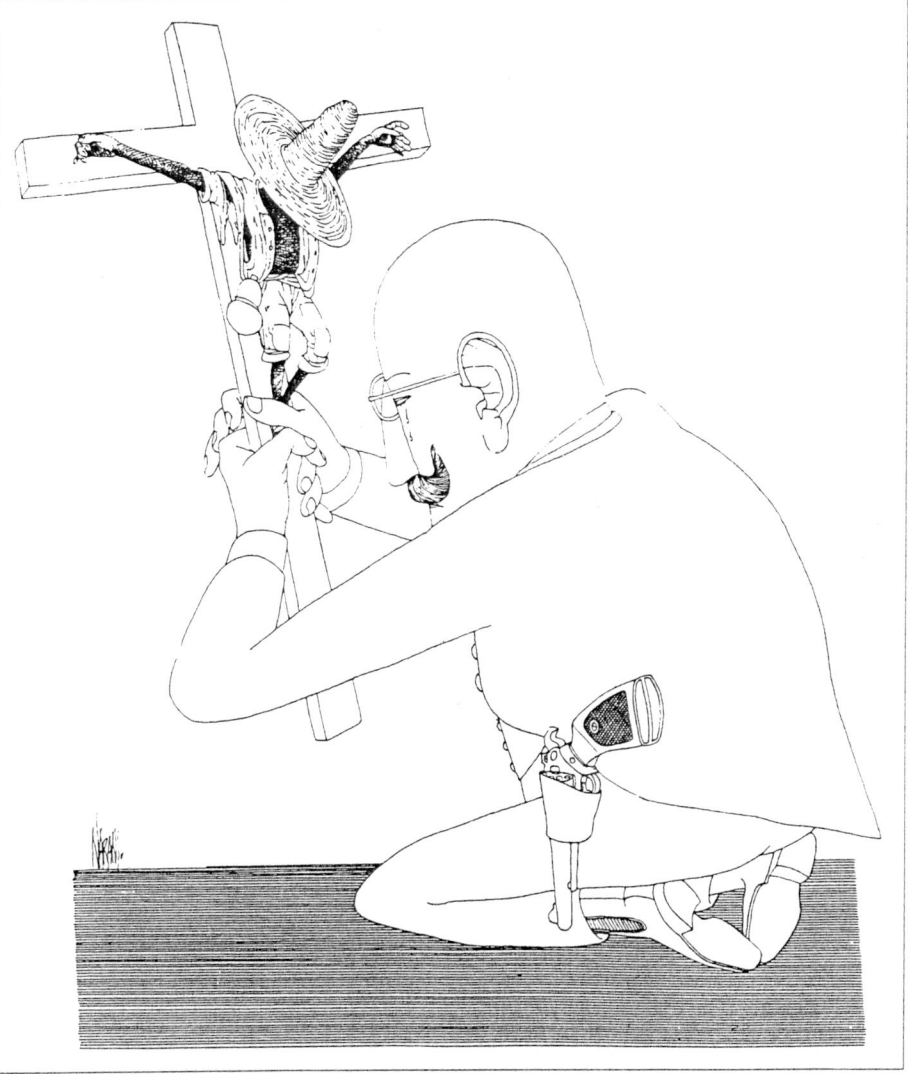

1. Beschreibung des Gesehenen

Tief versunken in reuigem Gebet kniet da ein Herr in feinem Anzug, moderne Schaftstiefel tragend. Tränen rinnen aus halbgeschlossenen Augen, fest umklammern seine Hände das Kreuz des Erlösers. Kontrastiv wirken die harten Linien des Kopfes, die seelenlose Nickelbrille, der hochgezwirbelte Herrenschnäuzer – und der gewaltige Revolver.

Am Kreuz hängt eine erbärmliche Gestalt in Lumpen und Fetzen, der riesige Sombrero verdeckt Gesicht und Leiden: fest umklammern Herrenhände Sklavenfüße, und das Gebet wird zur gnadenlosen Fessel, die alles beim alten läßt.

2. Ansätze zur Interpretation

Naranjos Arbeit scheint mir exemplarisch eine gerade in Lateinamerika weit verbreitete Problematik zu verdeutlichen: einerseits eine formalistisch-heuchlerische Religionspraxis, die zuläßt, wohlgefällig die Sonntagspredigten angepaßter Priester zu hören, – andererseits der rauchende Revolver, mit dem unbarmherzig jede Änderung der Zustände verhindert wird.

3. Didaktik und Methodik

Die Zeichnung lebt aus dem Kontrast zwischen devoter Anbetung eines Kreuzes und der Darstellung des Gekreuzigten, ferner durch den Widerspruch zwischen Tränen und Gefühl und der betont wiedergegebenen Waffe. Da die einzelnen Bildelemente auf den ersten Blick nicht einsichtig sind, sollte man die Karikatur per TLP einblenden und die Gruppe die Bildaussagen von selbst erarbeiten lassen.

4. Erfahrungen der Praxis

Gruppen aller Altersstufen lassen sich spontan auf das Bild ein, sind lebendig bei der Sache und beginnen kritisch zu fragen. Eine 11jährige stellte z.B. fest: »Der Revolver ist fast so groß wie der Mann am Kreuz«, womit sie ein wichtiges Element der angedeuteten Machtverhältnisse intuitiv erfaßt hatte. Je nach unterrichtlicher Schwerpunktsetzung kann das Medium ein Initialimpuls sein, der eine Reihe »Nord-Süd-Konflikt« einleitet, es kann eine Stunde zur Frage der sozialen Gerechtigkeit betreffen oder auch den Geographieunterricht ausweiten.

Gerade letzteres ist in älteren Gruppen, etwa ab Jahrgang 9, angebracht. Hier wird das Gespräch auch den Aspekt von religiösem Heuchlertum beinhalten, welches Naranjo anprangert, und eventuell aktuelles Zeitgeschehen berücksichtigen (wie zur Zeit der Entstehung dieser Seiten der hemmungslose Mord an Straßenkindern).

Interessant ist noch, daß ich die Mexikanische Botschaft in Bonn um eine Stellungnahme zur Karikatur bat; man sandte mir die Anschrift Naranjos in Mexiko zu, an welchen ich einen Brief schrieb, der leider unbeantwortet blieb.

III,2 Rauch: Zensur

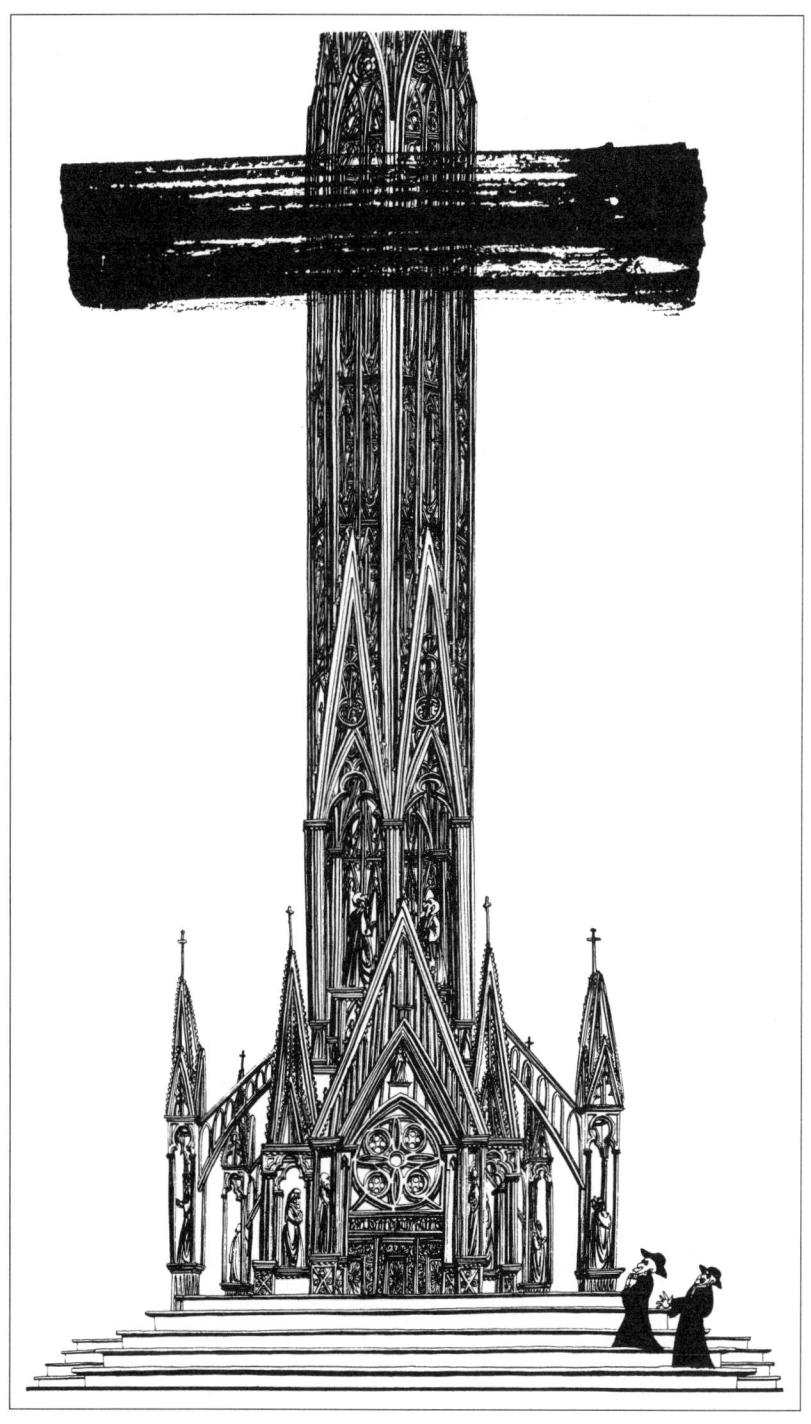

1. Beschreibung des Gesehenen

Imposant schwingt sich eine gotische Kathedrale empor, strebt in die Höhe, dehnt sich unaufhaltsam, den Doppelrahmen durchbrechend über das Bild hinaus, – da setzt plötzlich eine unsichtbare Hand einen markanten Zensurstrich, wobei sie gleichzeitig ein gewaltiges Kreuzzeichen schafft.

Völlig konsterniert erstarren zwei Schwarzröcke in Gebet und Schreck, zucken zurück, können nicht fassen, was da endgültig korrigierend über ihren Babelturm hinwegwischt.

2. Ansätze zur Interpretation

Die Karikatur wird durch zwei Bewegungsebenen beherrscht: vertikal, in steilem gotischen Aufwärtsstreben, der überdimensionale, den Rahmen sprengende Turm und horizontal der deutlich gezogene Zensurstrich.

Wer zieht diesen Strich?

Warum tut er es?

Wie erklärt sich das perplexe Staunen der »Kirchen-Männer«?

Hat Kirche den rechten Blick für ihre Dimensionen verloren, will ihr jemand klarmachen, daß es so nicht weitergeht, daß sie ihren Blick nach unten zu richten, auf das Kreuz zu konzentrieren hat?

3. Didaktik und Methodik

Rauchs Arbeit ist ein starkes Medium, das zu vertieftem Nachdenken anregt. Methodisch war es interessant, den Schülern nur eine Teilkopie zu geben, die bis etwa auf die Höhe der beiden Spitzbögen in der Mitte des Bildes reichte. Das Überproportionale des Turmes wird so von den Betrachtenden schon gesehen, aber es stellt sich die Frage, was die beiden kleinen Figuren im Vordergrund so sehr erschreckt.

4. Erfahrungen der Praxis

»Protzerei«;
»die Kirche spielt sich zu sehr hoch«;
»ihr wird der Kopf gewaschen«;
»Gott zieht den Schlußstrich«
– einige spontane Reaktionen auf Rauchs Arbeit.
In der Regel werden schon ab Jahrgang 7/8 die beiden zentralen Ebenen gesehen: Kirche, die immer größer, immer mächtiger wird, die immer weiter hinauf will, und die Basis, die Aufgabe in der Horizontalen, die immanente Ebene im Zeichen des Kreuzes.

III,3 Weber: Schwarz und Weiß

1. Beschreibung des Gesehenen

Schurkisch grinsend holt ein dickbäuchiger Durchschnittsmensch weit aus, um mit einem Kreuz als Waffe zuzuschlagen; nur die Waffe macht ihn der muskulösen schwarzen Gestalt gegenüber überlegen, die sich schreiend nach hinten beugt, die Arme in hilfloser Verteidigungsgeste erhoben. Kaum sichtbar baumelt ein kleines Kreuz vom dunklen Hals, im Hintergrund verraten verschwommene Schatten, daß das Geschehende kein Einzelfall ist, sondern Geschichte hat.

2. Ansätze zur Interpretation

Eine erste Assoziation mag in die Richtung Kreuzzüge – aggressive Mission gehen: Haben da nicht auch Weiße mit der Macht des Kreuzes auf hilflose »Eingeborene« eingeschlagen, sie seelisch und physisch vernichtet? Haben nicht auch auf Kreuzzügen verblendete Fanatiker Glaubensgeschwister gemordet, nur weil sie Kaftan, Turban und Schleier trugen?

Webers Arbeit ist stark antithetisch strukturiert:

schwarz	weiß
arm	reich
gekleidet	entblößt
bewaffnet	wehrlos
aktiv	passiv

Die ganze Problematik wird dadurch verschärft, daß hier Religion als Mittel der Unterdrückung eingesetzt wird, eine (moralische) Keule, die dazu dient, gegebene Macht zu stärken und Herrschaftsverhältnisse zu fixieren.

3. Didaktik und Methodik

Die wiedergegebenen Assoziationen legen es nahe, auch in der Arbeit mit der Gruppe das assoziative Element zu nutzen; so kann man die Gruppe z.B. bitten, das Bild einige Zeit lang still zu betrachten und dann die Eindrücke, die man hatte, auf die aufgeklappte Tafel (Rückseite) zu schreiben, so daß niemand durch die Ideen der anderen beeinflußt und gestört wird. Dann wird die Tafel zugeklappt, und die Assoziationen werden ausgewertet.

4. Erfahrungen der Praxis

Die Stichwörter gehen in verschiedene Bereiche: Mission, Kreuzzug; Reich und Arm; Religion als »Keule«, die Widerstand zertrümmert. In welche Richtung die weitere Vertiefung geht, hängt also weitgehend von der Interessenlage der Gruppe ab, die sich hier entwickelt. Gerade beim Bereich »Mission« ist es dann aber angebracht, auch vertiefend auf ein konkretes Beispiel einzugehen.

III,4 Weber: Sturmgepäck

1. Beschreibung des Gesehenen

Angetreten in Reih und Glied, wartet eine Einheit plump-kompakter Soldaten, verborgen unter Einheitshelmen, auf den Einsatz. Voll Spannung ist alles vorwärts orientiert, so daß keiner den Knochenmann bemerkt, der einem jeden das Sturmgepäck komplettiert: Makaber ragen schwarze Kreuze aus dem Menschenfeld auf. Wuchtig rammt der Tod dem Vorletzten seine Gabe in den Rücken – und der Letzte? Wird er vielleicht entkommen, durchkommen? Auch sein finsteres Kreuz liegt im Vordergrund bereit, auf ihn hin gerichtet.

2. Ansätze zur Interpretation

»Gott mit uns!« stand auf der Schnalle des Koppels, das mein Vater im Weltkrieg tragen mußte. »Gott will es!« war der Ruf, mit dem Urban II. einen riesigen Totentanz eröffnete. Seitenlang ließe sich diese Reihe falsch verstandener göttlicher Offenbarung und nackter Blasphemie weiterführen bis ins Heute.
Die unheilige Allianz von Kirche und Krone, von weltlicher und geistlicher Macht treibt auch heute noch Menschen in Kriege der Unvernunft.

3. Didaktik und Methodik

Die Bildelemente der Lithographie sprechen für sich:

Der »Knochenmann«:	der Tod
Das Kreuz:	Zeichen des anonymen Todes im Massenbegräbnis
Die Soldatenmasse:	der einzelne Mensch, als Individuum ausgeschaltet, in der Hoffnungslosigkeit des Krieges.

4. Erfahrungen der Praxis

Die Bildelemente führen schnell zu einem sinnerfüllten Gespräch über diese Arbeit. Es fallen Stichworte wie »Tod«, »Schlacht«, »Massengrab«, »Soldatenfriedhof«, »Kanonenfutter«, »Finsternis«, »Hoffnungslosigkeit«, »Hitler«, »2. Weltkrieg«, »Jugoslawien« (September 1995).
Vertiefung war in einer Fülle von Teilbereichen möglich:
Krieg – der »Vater aller Dinge«?
Gibt es den »Gerechten Krieg«?
Was macht Krieg aus und mit Menschen?
Wie verhält sich Religion zu Macht und Politik?

IV
Die Kirche

IV,1 Erlinghäuser: Das Konklave

1. Beschreibung des Gesehenen

Rom. Der Petersplatz samt Obelisk und Kolonnaden, gähnende Leere rings-
umher. Fast unbemerkt steigt im Hintergrund weißer Rauch aus dem berühmten Schornstein.
»Viva il Papa!« ruft ein Vereinzelter mit Fähnchen, dessen gestreifter (Sträf-
lings-?)Pullover, die abstehenden Ohren und Säbelbeine ein dümmliches
Bild suggerieren; der Hund an seiner Seite bleibt uninteressiert.
Zwei Kardinäle stehen am Fenster, blicken kritisch nach unten: »Darauf
müssen wir in Zukunft achten: Nie wieder ein Konklave zur gleichen Zeit
wie die Fußball-Weltmeisterschaft.«

2. Ansätze zur Interpretation

Das comicartige Layout verharmlost im ersten Augenblick die harte Aussage,
die ihm zugrunde liegt: In einer säkularisierten Welt wird die Fußball-WM
höher eingeschätzt als eine Papstwahl, sitzen die Menschen lieber vorm
Fernseher, als den Petersplatz zu bevölkern. Sicher, der Cartoon ist über-
zeichnet: In der Realität wird es das so nie geben. Ist aber auch die Reaktion
der Kardinäle nicht interessant? Analysieren sie die Ursachen? Suchen sie
nach neuen, besseren Wegen? Mitnichten. Alles nur eine Frage der termin-
lichen Abstimmung.

3. Didaktik und Methodik

Das letzte Konklave liegt nunmehr über 15 Jahre zurück, weder Begriff noch
Ablauf sind unseren Schülerinnen und Schülern geläufig. Deshalb muß beim
Einsatz der Arbeit immer begleitende Information gegeben werden, die auf
(überraschendes?) Interesse stößt: das Procedere wird sehr genau hinterfragt.
Zur eigentlichen Kernproblematik dringen nicht alle Gruppen vor, wer hier
vertiefen will, sollte auf den Einsatz vor Jahrgangsstufe 8 verzichten; lenkende
Hilfsfragen sind durchaus angebracht, wenn das Gespräch nicht weiter-
kommt.

4. Erfahrungen der Praxis

Fast in allen Gruppen gibt es einzelne, die den Petersplatz sofort erkennen und etwas über ihn erzählen können; mein Erstaunen beim ersten Einsatz der Karikatur – niemand wußte in einer 12. Klasse, was ein »Konklave« ist – war eigentlich unangebracht, da die Jugendlichen beim letzten Konklave gerade zwei bis drei Jahre alt waren.

Wie bereits dargelegt, ist das Interesse an Informationen über die Papstwahl groß; das Gespräch dreht sich oft um Begriffe wie »Kirche und Macht«, »Bischöfe«, »Vatikan« – den Nagel genau auf den Kopf traf wohl eine Schülerin einer 8. Klasse:

»Denen (den Kardinälen) selbst ist die Papstwahl ja gar nicht das Wichtigste, sondern was die Leute davon halten!«

IV,2 Rauch: Der Bovist

1. Beschreibung des Gesehenen

Von unsichtbarer Faust scheint eine gewaltige Kirchenkuppel eingedrückt zu werden, Struktur und Symmetrie verzerren sich, bis in einer gewaltigen Eruption – das davonfliegende Kreuz erinnert entfernt an eine Rakete – unter Rauch und Staub sakrale Gegenstände und Devotionalien emporgeschleudert werden.

2. Ansätze zur Interpretation

Haben Sie schon einmal einen Bovist im Regen gesehen? Ein Tropfen trifft, und mit einer leise puffenden Explosion gibt der Pilz erleichtert eine kleine Staubwolke von Samenkörnern von sich; voll und reif war er bis zum Platzen, jetzt endlich ist es soweit.
Ist diese evolutive »Schmerzgrenze« auch in unseren Kirchen erreicht, wo die klare Linie des Raums so oft gestört scheint durch allerlei Füllwerk? Ist es wirklich die vom Künstler angedeutete »Faust des Unsichtbaren«, die so radikal alles Unwesentliche aus der Kirche hinauskatapultiert?

3. Didaktik und Methodik

Explosion – unsichtbare Kraft/Macht – davonfliegende »Kirchenfüllung«.
Was drückt da so gewaltig gegen die Mauern, daß Heiligenbilder und Säulen so respektlos durch die Gegend gewirbelt werden? Was will der Zeichner mit diesem Tun des »Unsichtbaren« andeuten?

4. Erfahrungen der Praxis

Die Arbeit wird wesentlich erleichtert, wenn man der Gruppe eine Vergrößerung des oberen Bildabschnittes beigibt, so daß man die Details in der Explosionswolke erkennen kann.
In einem »Brainstorming« erschienen folgende Begriffe auf der Folienkopie der Karikatur:
»aufgeblasen«;
»der (der Kirche) geht die Luft aus«;
»das ist voll bis zum Platzen«;

»weg mit dem Mief«;
»verliert an Ballast«;
»fällt zusammen«.
Die daraufhin vom Lehrer hinzugefügte Überschrift »Kirche ist ..« initiierte
ein gutes einleitendes Gespräch zum Thema »Kirche«.

IV,3 Steiger: Die Verwaltung

1. Beschreibung des Gesehenen

Zwei Gebäude, die – irgendwo, irgendwie – miteinander verbunden scheinen: eines groß und kantig, ein Bürohochhaus von zehn Geschossen, Fenster reiht sich an Fenster, Verwaltungsebene an Verwaltungsebene; das andere unscheinbarer, zurückgezogen im Hintergrund, offenbar eine Kirche, die im Schatten des Büroklotzes zu verschwinden scheint. Beide sind von einer Menge gesichtsloser Gestalten umgeben, die ihrer Wege gehen.

2. Ansätze zur Interpretation

Kirche – klein,
Verwaltung – groß,
Mensch – winzig.
Auch ohne Mt 6,24 scheint die Aussageabsicht Steigers klar zu sein:

Niemand kann zwei Herren zugleich dienen. Er wird den einen vernachlässigen und den anderen bevorzugen. Er wird dem einen treu sein und den anderen hintergehen. Ihr könnt nicht beiden zugleich dienen: Gott und dem Geld.

3. Didaktik und Methodik

Steigers Kritik ist radikal; sie verlangt, wörtlich verstanden, die Entscheidung zwischen Verwaltung (= Macht und Geld) und Kirche (= Weg zu Gott). Doch ist dieses »Entweder – Oder« so haltbar? Kirchliche Verwaltung, klösterliche »Bürokratie« haben immerhin geholfen, die literarischen Schätze der Antike zu retten, und kirchliche Archive sind – ob auf Diözesanebene oder im Dorf – eine lebendige historische Quelle.
Steigers Kritik wird wohl anders zu sehen sein: da, wo das Geld zum Grund, wo die Macht zum Zweck wird; da, wo Verwaltung um ihrer selbst willen stattfindet und nicht mehr den Menschen dient, setzt sie an.

4. Erfahrungen der Praxis

Die klare und einfache Aussage der Karikatur ermöglicht ihren Einsatz schon in Jahrgangsstufe 5 und 6 (dann allerdings zuerst ohne die Mt-Perikope). Gerade hier sehen die Kinder das *Gute* an einer Verbindung zwischen Kirche und Verwaltung:

»Wenn du keinen Job hast, gehst du zur Verwaltung, und die helfen dir.« Der etwas naive Kinderblick hat auch mir geholfen, einmal über die positiven Seiten von Verwaltung nachzudenken.

Je älter die Gruppen werden, desto leichter wird eine differenziertere Erarbeitung der Problematik – auch unter Einbezug von Mt 6,24 – möglich.

IV,4 Mandzel: Zeichen der Zeit

1. Beschreibung des Gesehenen

Ein gefrustet-ängstlich blickender Geistlicher steht in einer Sanduhr; über ihm, zusammengefügt aus vielen Sandkörnern, die Kirche, deren Zusammensinken und Auflösung er verhindern will – vergeblich, wie es scheint; der Sand rinnt an der stopfenden Faust vorbei, das Fundament bröckelt, der Niedergang scheint unaufhaltbar.

2. Ansätze zur Interpretation

Die Zeit verrinnt unaufhaltbar weiter, wenn ich mich auch noch so wehre. Ist die Zeit schuld daran, daß »Kirche« bröckelt? Wie sind die Sandkörner zu deuten? Sollen sie – jedes einzelne – die Christen symbolisieren, die sich »mit der Zeit« abwenden, abmelden, die nach und nach abbröckeln? Warum ist es gerade der (betont gezeichnete) Geistliche, der sich so gegen das Verrinnen stemmt? Etwa, weil er selbst »in der Falle« sitzt?

3. Didaktik und Methodik

Methodisch war es nicht uninteressant, mit zwei Folien zu arbeiten, wobei die als Variante wiedergegebene Kopiervorlage zuerst gezeigt wird:
»Dem steht das Wasser bis zum Hals« –
»Der hat keine Chance« sind spontane Kommentare; das Einblenden des Originals führt dann zu vielfältigen spontanen Eindrücken. Fast alle Altersklassen deuten den verrinnenden Sand als »die Leute« bzw. »die Christen«, ein interessanter Aspekt, den man vertiefen sollte.

4. Erfahrungen der Praxis

Die Gedanken kreisen stets um drei Faktoren:

1. Die Kirche – Was soll der Sand bedeuten?
2. Die Sanduhr – Ist das Schwinden von »Kirche« nur zeitbedingt?
3. Der Geistliche – Kann er das alles aufhalten? Was sind seine Motive?

V
Amt und Macht

V,1 Weber und El Greco: Der Großinquisitor

Vorbemerkung

Wer im Religionsunterricht oder in der Gemeindekatechese mit Bildern arbeitet, wird bald feststellen, daß sich bei ihm im Laufe der Zeit manches ändert. Der Blick wird schärfer, der Dialog mit dem Medium vertieft sich, die Kommunikation in der Gruppe gewinnt neue Dimensionen. Der nun vorgestellte Vergleich hat gewiß interessante theologische Dimensionen, will aber darüber hinaus ein anderes Ziel verfolgen: eine Seh-Schule, die – in Kooperation mit dem Kunstunterricht – die Augen mehrdimensional öffnen und Querverbindungen zwischen den Fächern erschließen will.

1. Beschreibung des Gesehenen

Das Portrait des Großinquisitors Kardinal Niño de Guevara (S.43) wurde von El Greco um 1600 erstellt und gilt als eines seiner Meisterwerke: Hier thront ein Großfürst der Kirche, angetan mit dem Ornat seiner Macht; durch eine schwarze Brille blicken uns Augen an, die in die Tiefe gehen, die Gesamthaltung strahlt Wachsein und Energie aus. Ein gepflegtes Gesicht lugt aus geschlossenem Kragen hervor, die schmalen Lippen ein Strich, der hinter dem gepflegten, ins Graue gehenden Bart fast verschwindet. Achtlos hingeworfen zu seinen Füßen liegt ein Dokument (ein Bittschreiben?), das kreuzförmige Faltlinien aufweist.

Weber karikiert dieses Gesicht 1950/53, betont dabei die Arroganz der Macht, die unverständige Ignoranz des bei El Greco so fein gezeichneten Gesichtes. Der Blick ist nicht kritisch spähend, leere Augenhöhlen lassen den Kopf wie einen Totenschädel wirken, der Spitzbart suggeriert etwas Diabolisches (S.42).

Deutlicher noch als der Vergleich der Gesichter wird Webers Intention, wenn man den Thronenden als Ganzen sieht: Hier der einfache, aber stilvolle Lehnstuhl vor unauffälliger Wand, auf dem in selbstbewußter Haltung ein Mann sitzt, der um seine Macht und seine Bedeutung weiß.

Dort der über, ja auf der Kirche hockende Gnom, der achtlos über die Hütten und Schuppen der Armut hinwegblickt, dessen Ignoranz ihm deutlich ins Gesicht geschrieben steht.

2. Ansätze zur Interpretation

Eine Fülle von Ansätzen ist bereits in dem verborgen, was Analyse und Vergleich der Arbeiten ans Licht bringen. Einer interessierten Schülerin der Jahrgangsstufe 12 aber verdanke ich einen anderen Ansatz:
Warum wählt Weber gerade dieses Bild aus?
Versucht man, dieser Frage nachzugehen, ergeben sich einige Ansatzpunkte:

- Dieses Bild muß auf Weber gewirkt, ihn beeinflußt haben – positiv vielleicht in seiner handwerklichen Kunst, negativ in dem, was es repräsentiert:
- Macht
- Arroganz
- Unerbittlichkeit
- Unterdrückung
- ...

Weber benutzt die Verfremdung, um wichtige kirchenkritische Gedanken auszudrücken:

- Armut der Hütten, Reichtum der Kirche
- Kirchen-Fürsten, die sich selbst noch über die Kirche erheben
- Kirche, die jeden Blick für die Menschen verloren hat
- gefühllose Arroganz, die sich in Führungskreisen einschleicht
- ...

Es ist bekannt, daß auf El Grecos Porträt ein Anschlag verübt wurde, wobei jemand mit einem Messer die Augenpartie des Bildes zerstörte (die aber restauriert werden konnte). Welche Wirkung muß von einem Bild ausgehen, das solches Tun veranlaßt?

3. Didaktik und Methodik

Es stellt sich die methodische Frage, wie die Bilder im Unterricht einzusetzen sind, konkret: in welcher Reihenfolge. Ich entschied mich schließlich, mit einem Vergleich der Kopfdetails zu beginnen (um den Blick im Sinne der oben angeführten »Sehschule« zu schärfen), um dann die Gesamtbilder in Gruppenarbeit analysieren zu lassen, mit den Vorgaben,
a. beide Arbeiten vergleichend gegenüberzustellen und
b. zu überlegen, was Weber mit seiner Variation vermitteln möchte.

4. Erfahrungen der Praxis

Es hat sich als wesentlich effektiver erwiesen, die Jugendlichen mit den Bildern arbeiten zu lassen, ohne ihnen nähere Informationen zur Inquisition bzw. zum Amt des Großinquisitors vorzugeben: So konnten sich alle ein eigenes Bild von dem Mann auf dem Lehnstuhl machen, ohne voreingenommen zu sein. Später ist es dann sinnvoll, einzubringen, daß der Abgebildete als Erzbischof von Sevilla und Großinquisitor der Spanischen Kirche einer der mächtigsten Kirchenfürsten seiner Zeit war, der kraft seines Amtes über Leben und Tod vieler Menschen bestimmte. (In seiner Eigenschaft als Inquisitor kam Guevara 1600 nach Toledo, und hier hat ihn dann El Greco gemalt.) Erfreulich war es, daß – neben den »Fakten«, die schließlich aus der Beschäftigung mit den Bildern resultierten (Frage nach Amt und Macht, Stellung der Kirche früher und heute etc.) – auch der Wunsch aufkam, des öfteren im Religionsunterricht ähnliche Wege zu gehen, d.h. mehr und gründlicher auf Bilder einzugehen.
Hinweis: Eine der frühen Novellen von Stefan Andres aus dem Jahre 1936 beschreibt die Entstehung des Portraits aus der Sicht des Künstlers. In interessierten Gruppen (speziell Oberstufe) mag es sich lohnen, sie heranzuziehen.

5. Erfahrungen des Kunstunterrichts

Frau Studiendirektorin Liselotte Freusberg war so freundlich, parallel zum Religionsunterricht den Ansatz in einer Kunststunde, 9. Klasse, zu erproben. Folgende Stichpunkte wurden dabei erarbeitet:

El Greco: Der Kardinal (ohne Nennung des Titels behandelt)

Die Beschreibung des Bildinhaltes zeigt einen Mann in seltsamer, fast fraulicher Kleidung mit einem merkwürdigen Hut auf einem Stuhl sitzend; auf dem Boden liegt ein Brief. Erst mit Hilfen wird die Kleidung als die eines Bischofs oder Kardinals identifiziert.
Die Bildgestaltung wird durch Kreuze dominiert: die Falten des Briefes, die Fugen der Bodenplatten, die Leisten des Schrankes/der Tür, vermutlich auch die Kanten des Hutes, die hellen Flächen der Person (Kopf-Chorhemd, Hände).

Die Haltung wirkt beherrschend, mächtig durch die fast frontale Ansicht, das aufrechte Sitzen, Ruhe und Bewegung, Starre und Erregung: die eine Hand ist entspannt, die andere verkrampft. Der Blick geht zum Betrachter, geht an ihm vorbei, nachdenklich, eine hohe Stirn zeigt Denken an. Der Mund: Ernst – verbittert? Überlegen – traurig? Als Charakterzüge sehen die Jugendlichen Güte und Strenge, Unnahbarkeit und Fürsorglichkeit, Weisheit und Nachdenklichkeit.

Weber: Der Kardinal

Die Ähnlichkeit zur Person des ersten Bildes fällt auf. Der Bischof sitzt auf der Kirche, die auf dem Hügel steht, hoch über den Häusern. Drei Kreuze »rahmen« ihn ein. Er blickt ins Weite, an den Menschen, auch an den Betrachtenden vorbei, er nimmt die Menschen durch die blicklose Brille gar nicht wahr. Die Häuser am Fuß des Hügels sind kaputt, unwichtig, Menschen sind nicht zu erkennen.
Der Bischof beherrscht die Kirche, er will sie schützen – oder verteidigen.

Resümee

Neben deutlichen Gemeinsamkeiten kommt der Kunstunterricht zu weiteren interessanten Feststellungen, die Analyse der Bilder betreffend. Besonders beeindruckend ist die Polarität der Meinungen in bezug auf die dargestellte Person: So verschieden können unsere Wahrnehmungen sein, wenn wir eben nicht wissen, wer da zu sehen ist.
Die »theologische Dimension« kommt in diesem Ansatz nur abschließend, am Rande vor. Hier sollte dann die Aufarbeitung im Religionsunterricht einsetzen.

1. Beschreibung des Gesehenen

Ein gigantisches Kanonenrohr schleudert seine Ladung auf einen unsichtbaren Feind, eine Linie von unbarmherziger Geradheit in der Horizontalen. Ein ebenso massiger, plump wirkender Geistlicher hebt (befehlend? predigend? segnend?) die Rechte, den Blick starr und verkniffen auf den Gegner gerichtet, während die herabhängende Linke eine Schrift – die Heilige etwa? – festhält.

2. Ansätze zur Interpretation

Frans Masereel schuf diesen Holzschnitt 1916, im Alter von 27 Jahren, tief beeinflußt vom Schrecken des Krieges – aber auch von der Haltung einer Kirche, die diese Greuel segnend zu billigen schien. Er wirkt durch einfachste Mittel: horizontale contra vertikale Dynamik, Dominanz des Schwarzen, deutlich weiß abgesetzt das Kreuz an der Brust des Geistlichen. Gibt er der Granate seinen Segen? Gibt er gar den Feuerbefehl? Oder will er ihr Einhalt gebieten? Die wulstige Stirn läßt ihn jedenfalls dümmlich wirken, die negativ-harte Gesichtsspannung wird durch Mund- und Wangenlinie betont. Hier steht einer, der nicht umzustimmen ist, dem Leid und Zerstörung gleichgültig sind, wenn er nur vernichten kann.

3. Didaktik und Methodik

Daß Religion immer wieder zur Legitimation vermeintlich »gerechter Kriege« mißbraucht wird, ist nichts Neues, und wenn es auch im Benedictionale der Katholischen Kirche keinen »Waffensegen« gibt, so ist solches im Lauf der Geschichte doch oft genug vorgekommen. Im Unterricht sollte klarwerden, daß Kirche(n) und Religionsgemeinschaften eben aus Menschen bestehen, die menschlichen Irrtümern unterliegen und menschliche Fehler begehen, – andererseits muß man sich hüten zu beschönigen und der erkennbaren (und immer wieder, bei allen Verwirrungen erkannten) Wahrheit ihr Recht zugestehen.

4. Erfahrungen der Praxis

In älteren Gruppen (der Einsatz lohnt sich so recht erst ab Jahrgangsstufe 9/10) stellt sich die Frage nach Kirche und weltlicher Macht meist an konkreten Beispielen. Das Jahr »1916« bringt schnell den Bezug zum 1. Weltkrieg, aber auch andere Epochen werden erwähnt:

Die Kreuzzüge, Inquisition und Hexenverfolgungen, die Conquistadores werden oft als Beispiel genannt, oder, aus dem Islam, der »Heilige Krieg« zwischen Iran und Irak.

Das eigentlich hohe Ziel wird nicht immer oder oft nur auf der kognitiven Oberfläche erreicht: Alle Religionen sind Kinder eines Gottes, der die Menschen liebt und sie zu Milde und Güte untereinander auffordert; deshalb kann es nie richtig sein, wenn Religion Kriege fordert und fördert, denen mehr zugrunde liegt als die reine Verteidigung.

V, 3 Kobylinski: Die Predigt

1. Beschreibung des Gesehenen

Eine klobige, über den Bildrand hinausgehende Gestalt starrt mit schreckgeweiteten Augen, ängstlichem Mund und im Entsetzen gesträubten Haaren auf eine in Relation gesehen winzige Predigergestalt, die drohend auf sie hin und in den Himmel weist. Erst der zweite Blick offenbart das Eigentümliche: Der mächtige Prediger, dessen Zorn sich auf den Ängstlichen richtet, ist innen hohl, nichtssagend, eine Marionette ohne Leben, vom Ängstlichen selbst geführt.

2. Ansätze zur Interpretation

Was ist eine Marionette? Ein leeres Etwas, das nur durch das Geschick des Spielers lebendig wird. Erst der Puppenmeister läßt sie wirken, handeln, bewegen. Warum aber bewegt hier die Marionette den Spieler? Weil sie uns (wie das Gewissen) sagt, was wir richtig oder falsch tun, weil da eine Stimme ist, vor der wir keine Ruhe finden – oder weil Religion, klassisch im Sinne Feuerbachs, eine Erfindung der Menschen ist, in der sich ihre Gefühle, Sehnsüchte und Ängste spiegeln?

3. Didaktik und Methodik

Zuerst wird die veränderte Karikatur eingeblendet, die eine Standard-Situation zeigt: den wütenden Prediger, den ängstlichen Zuhörer: Wenn auch in der Praxis nicht mehr oft erlebt, wird jeder diesen Topos kennen. Und so werden seichte Bemerkungen fallen über die Macht des Wortes, den Sinn von Predigten, den Unsinn von solcher Angst, wie sie hier gezeigt wird. Das Einblenden des Originals macht betroffen und neugierig, und es werden interessante Theorien entwickelt, was denn damit gemeint sein könnte.

4. Erfahrungen der Praxis

Kinder in der 5. Klasse hatten anfangs Probleme, die unterschiedlichen Personen zu deuten: Der ängstliche Hörer wurde nur mühsam erkannt (»Der sieht aus wie 'ne Kartoffel«!), der »Eierkopf« erweckte Gelächter. Überhaupt waren Kinder in Jahrgangsstufe 5 und 6 kaum in der Lage, die Karikatur zu deuten. Gruppen ab Jahrgangsstufe7/8 entwickelten dann gute Ansätze, ab 9/10 war die Karikatur ein guter Einstieg in die Atheismusproblematik. Einen interessanten Denkanstoß gab ein älterer Priester mit reichlich Predigterfahrung, der zur Zeichnung sagte: »Ein guter Prediger muß sich immer klarmachen, daß das, was er sagt, zuerst ihm selber gilt.«

V,4 Stauber: Himmels-Hierarchie

1. Beschreibung des Gesehenen

Im Himmel; zwei gerettete Seelen. Äußerlich gleich, repräsentieren beide offensichtlich verschiedene Grade der Heiligkeit, wie die Ringe ersten bzw. zweiten Grades symbolisieren: Der niedrigere Rang steht stramm und leistet Salut, der selbstverständlich entgegengenommen wird.

2. Ansätze zur Interpretation

Das wäre ja wohl zum Lachen, oder? Strammstehen im Himmel, Fortführung irdischer Hierarchien und Mächte auch noch im Jenseits?
Der »Katholische Katechismus« der Bistümer Deutschlands aus dem Jahre 1955 sagt noch über den Himmel:
»Die Freuden des Himmels sind nicht für alle Seligen gleich groß.
› Jeder wird nach seiner besonderen Mühe auch seinen besonderen Lohn empfangen‹ (1 Kor 3,8). Wer auf Erden Gott mehr geliebt und ihm treuer gedient hat, wird im Himmel die Liebe Gottes in reicherem Maße empfangen. › Wer reichlich sät, wird auch reichlich ernten‹ (2 Kor 9,6).«
(Zitiert nach der Herder-Ausgabe, Freiburg im Breisgau 1965, S. 254.)

3. Didaktik und Methodik

Selten erweckt eine Zeichnung in allen Altersgruppen ein so spontanes Lachen wie Staubers Arbeit. Eine wirklich vertiefte Auseinandersetzung mit der hier verborgenen Problematik ist nur möglich, wenn – vielleicht noch in das ausklingende Gelächter hinein – der o.a. Katechismustext vorgetragen wird: Schließlich ist Leistungs-Lohn-Denken zur Zeit wieder sehr modern, und mancher wird mit dem Katechismus übereinstimmen. Doch sind da ja noch die Parabeln vom »Barmherzigen Vater« und den »Arbeitern im Weinberg«, die richtig ausgelegt genau das Gegenteil bedeuten: Es sind eben nicht Zeit und Stunde, nicht Einsatz und Verdienst die Faktoren, die die Gnade Gottes erzwingen! Bei Gott gelten andere Maßstäbe, und der Verlorene, der zuletzt Gekommene kann gleichberechtigt und gleichbehandelt neben dem Bruder, dem Mit-Arbeiter stehen.

4. Erfahrungen der Praxis

Die Verzahnung von (einfacher) Karikatur und (mit wachsendem Niveau einsetzbaren) Textmedien macht eine Besprechung der eigentlich nicht leichten Problematik von Verdienst und Gnade Gottes in allen Altersstufen von Klasse 5 bis ins Alter möglich. Besonders bei den »Kleinen« sind die Kommentare nett: »Der hat ja zweie!« blökt ein Sextaner, und alle suchen verzweifelt nach dem passenden Wort, bis man endlich das »Salutieren« findet. Man stellt dann im Unterricht zwar fest, daß den Kindern der tiefere Gehalt schwer nahezubringen ist. Nach ehrlicher Reflexion muß man aber feststellen, daß dieser Gehalt *jedem* schwer eingängig ist, da unsere Denkschemata und Sozialstrukturen in der Regel eben anders geprägt sind.

VI
Lehre

VI,1 Weber: Humanae Vitae

1. Beschreibung des Gesehenen

In einer Arena findet ein ungewöhnlicher Kampf statt: Eine kräftige, unbekleidete junge Frau ringt mit dem Papst; mit einer enormen Kraftanstrengung hebelt sie ihren Widersacher aus, scheint zu siegen, – doch die rechte Hand ihres Gegners, bewehrt mit scharfkantigem Kreuz, ist schon zum Schlag erhoben, gleich wird der schutzlose Rücken durchbohrt, die Kraft der Frau gebrochen werden. Im Hintergrund die Massen, zur Linken Leute mit Kreuz und Bischofshüten, Siegessicherheit und freudige Erwartung spiegeln sich in ihren erregten Gesichtern; zur Rechten Frauen, in ihrer Nacktheit mit der im Ring solidarisch, wissend um das kommende Ende, gedemütigt, ohne Hoffnung.

2. Ansätze zur Interpretation

Die Enzyklika Papst Paul VI. über die rechte Ordnung der Weitergabe menschlichen Lebens (Humanae Vitae) hat seit ihrem Erscheinungsjahr 1968 weltweit für Aufsehen gesorgt. Paul VI. sieht die Grundlagen der Ehemoral im natürlichen Sittengesetz verhaftet (§ 4) und versteht die Ehe als Akt gegenseitiger Vollendung, »um mit Gott zusammenzuwirken bei der Weckung und Erziehung neuen menschlichen Lebens« (§ 8). Ausgehend von der Herrschaft (»dominatio«) von Vernunft und Willen über Trieb und Leidenschaft (»impulsos innatos et animi affectos«) (§ 9), werden für eine verantwortliche Elternschaft folgende zentrale Aussagen getätigt:

»Gemäß diesen fundamentalen Grundsätzen menschlicher und christlicher Eheauffassung müssen Wir noch einmal öffentlich erklären: Der direkte Abbruch einer begonnenen Zeugung, vor allem die direkte Abtreibung – auch wenn zu Heilzwecken vorgenommen –, sind kein rechtmäßiger Weg, die Zahl der Kinder zu beschränken, und daher absolut zu verwerfen.
Gleichweise muß, wie das kirchliche Lehramt des öfteren dargetan hat, die direkte, dauernde oder zeitlich begrenzte Sterilisierung des Mannes oder der Frau verurteilt werden.
Ebenso ist jede Handlung verwerflich, die entweder in Voraussicht oder während des Vollzuges des ehelichen Aktes oder im Anschluß an ihn beim Ablauf seiner natürlichen Auswirkungen darauf abstellt, die Fortpflanzung zu verhindern, sei es als Ziel, sei es als Mittel zum Ziel« (§ 14).

»Wenn also gerechte Gründe dafür sprechen, Abstände einzuhalten in der Reihenfolge der Geburten ..., ist es nach kirchlicher Lehre den Gatten erlaubt,

*dem natürlichen Zyklus der Zeugungsfunktionen zu folgen, dabei den ehe-
lichen Verkehr auf die empfängnisfreien Zeiten zu beschränken und die
Kinderzahl so zu planen, daß die oben dargelegten sittlichen Grundsätze
nicht verletzt werden« (§ 16).*

Die Enzyklika selbst, besonders aber eine Ansprache Paul VI. in Castel
Gandolfo am 31.6.1968, also kurz nach der Veröffentlichung, zeigen die
großen persönlichen Nöte, den eifrigen Einsatz von Gewissensbildung und
Vernunft bei Paul VI.: Es ist glaubhaft, daß ihm die Entscheidung schwer war.
Dennoch erfolgte schon am 30.8. eine Stellungnahme der Deutschen Bischöfe, die sogenannte »Königsteiner Erklärung«, welche Menschen, die Humanae Vitae so nicht akzeptieren können, zugesteht:

*»Wer glaubt, so denken zu müssen, muß sich gewissenhaft prüfen, ob er –
frei von subjektiver Überheblichkeit und voreiliger Besserwisserei – vor
Gottes Gericht seinen Standpunkt verantworten kann. Im Vertreten dieses
Standpunktes wird er Rücksicht nehmen müssen auf die Gesetze des inner-
kirchlichen Dialogs und jedes Ärgernis zu vermeiden trachten. Nur wer so
handelt, widerspricht nicht der rechtverstandenen Autorität und Gehorsams-
pflicht. Nur so dient auch er ihrem christlichen Verständnis und Vollzug.«*

Das formulierte dann auch die Gemeinsame Synode der Bistümer im Heft
»Christlich gelebte Ehe und Familie« 1975 ähnlich und einfacher:

*»Das Urteil über die Methode der Empfängnisregelung, das in die Entschei-
dung der Ehegatten gehört, darf nicht willkürlich gefällt werden, sondern muß
in die gewissenhafte Prüfung die objektiven Normen mit einbeziehen, die
das Lehramt der Kirche vorlegt. Die angewandte Methode darf dabei keinen
der beiden Partner seelisch verletzen oder in seiner Liebesfähigkeit beein-
trächtigen (2.2.2.3).«*

3. Didaktik und Methodik

Webers Arbeit dient als Impulsmedium für eine Einheit über kirchliche Ehe-
und Sexualmoral, wobei Humanae Vitae exemplarisch für die gesamte
Problematik behandelt wird. Die hier wiedergegebenen Ausschnitte aus
Dokumenten zum Problem sollen es jedem ermöglichen, das Thema genauer, an den Texten entlang, zu behandeln. Welcher Weg gewählt wird, hängt
sehr von den persönlichen und konfessionellen Vorbedingungen des Lehrers
ab, so daß ich auf weitere Hinweise verzichten möchte.

4. Erfahrungen der Praxis

In seiner vorliegenden Form wird das ganze Thema eher in der Oberstufe oder in der Erwachsenenarbeit Platz finden; sowohl das Bildmedium als auch die Lehrschreiben sind ansonsten zu komplex, und für die Bearbeitung des Themas »Liebe – Freundschaft – Partnerschaft« in der Sekundarstufe I gibt es eine Fülle sinnvoll einzusetzender, leichterer Medien.

Für Oberstufenschüler und Seminarteilnehmerinnen war das Bild ein starker Initialimpuls, der mit steigendem Informationsstand (Bild und Enzyklika aus dem Jahr 1968 – was deutet Weber an?) an Bedeutung gewann: Die Nacktheit der Frau wurde gedeutet als Symbol für Wehrlosigkeit, aber auch Sexualität, das erhobene Kreuz steht für die Schärfe der lehramtlichen Autorität, die zum kräftigen Schlag erhobene Hand zeigt die Macht, mit der ein solches Lehrschreiben zuschlagen kann. Bei allen inhaltlichen Differenzen wurde auch klar, daß gerade Humanae Vitae kein »Willkürakt« des Papstes war, sondern daß dem Schreiben eine sorgfältige Meinungs- und Gewissensbildung vorausging. Die Reaktion der Deutschen Bischöfe zeigt, daß sich auch innerhalb des »offiziellen Lehramtes« differenzierte Ansätze zeigen: Wenn auch mit aller Vorsicht, so erkennen die Bischöfe in bezug auf Humanae Vitae doch an, daß die personale Gewissensentscheidung immer noch den Vorrang hat.

»Humanae Vitae« und »Königsteiner Erklärung«, aus: Enzyklika »Humanae Vitae« über die rechte Ordnung der Weitergabe menschlichen Lebens, in: Nachkonziliare Dokumentation, Band 14, Paulinus Verlag, Trier 1968 – Synodenbeschluß »Christlich gelebte Ehe und Familie«, aus: Heftreihe »Synodenbeschlüsse«, Heft 11, Sekretariat der Deutschen Bischofskonferenz, Bonn

VI,2 Leischner: Die Begradigung

1. Beschreibung des Gesehenen

Rom. Eine Tiberbrücke. Mit einer gigantischen, von kleiner Tiara gezierten Ramme begradigt der schwitzende, verbissen und verkniffen wirkende Papst das uneinheitliche Kopf-Steinpflaster.

Widerspenstig reckt die »Laienpredigt« noch ihre Nase empor, aber all die anderen Eingepaßten zeigen, daß ihre Chance gleich Null ist:

Homosexuelle
Pfarrgemeinden
Boff
Diakonat der Frau
Verheiratete Priester
Ministrantinnen
Küng

2. Ansätze zur Interpretation

Die Bildelemente sprechen eine deutliche Sprache, so daß die Interpretation keine Probleme bereiten wird; schmerzlich war mir selbst, daß Leischner hier wieder (wie auch bei VI,3) eine Originalvorlage variiert, die über 80 Jahre alt ist, – ändert sich denn wirklich so wenig?

3. Didaktik und Methodik

Anders als bei VI,3 ist es hier unnötig, das Original beizugeben, da es bildlich weitgehend übereinstimmt. Die »Pflastersteine«, welche damals »begradigt« wurden, sind innerkirchliche Dissidenten, deren Namen heute nur noch dem Fachpublikum etwas sagen.

Die Karikatur hat sich als ausgezeichnetes Medium erwiesen, um eine Reihe über »Kirche« einzuleiten: Die einzelnen Punkte werden schnell erkannt, die Bildelemente schnell gedeutet, und schon will man »reden über ...« – ja, worüber? Jeder Einzelpunkt ist immer ein Gespräch wert, und die Auswahl sollte sich an den Interessen der Gruppe orientieren – aber eben nicht nur: Warum eigentlich nicht einmal über »Homosexuelle und Kirche« sprechen, – auch wenn das »die Leute« eigentlich nicht so gerne tun...

4. Erfahrungen der Praxis

Auch Mädchen und Jungen der 7. bzw. 8. Klassen können mit der Karikatur etwas anfangen; erst in älteren Jahrgängen wird es möglich sein, die komplexeren Problemfälle anzusprechen. Die Erfahrung bestätigt, daß das Kirchliche Lehramt von Jugendlichen genau so verstanden wird, wie die Zeichnung es zeigt: von oben kommend, hämmernd ohne Verstand, einengend und pressend, ja gar er-pressend. Wo bleibt da die »Freuden-Botschaft«?

1. Beschreibung des Gesehenen

Ein verkniffen blickender Bischof mit überspitzter Mütze sitzt (bequem?) auf einem Polsterstuhl mit Kissen, die kleinen Füßchen baumeln in der Luft, da Stuhl und Tisch so überdimensional lange Beine haben, daß sie nur noch durch eine nach unten verschwindende Leiter zu erreichen sind.
Auf dem Tisch ein PC, die Tastatur wird eifrig genutzt, die Bibel ist nur noch Unterlage für den Bildschirm, auf dem ein markantes Kreuz flimmert. Sollte da vielleicht jemand stören, gar unten an der Leiter wackeln? Der ungnädig-grimmige Blick könnte solches andeuten.

2. Ansätze zur Interpretation

»Zur Ehre der Heiligen und ungeteilten Dreifaltigkeit, zur Zierde und Verherrlichung der jungfräulichen Gottesgebärerin, zur Erhöhung des katholischen Glaubens und zum Wachstum der christlichen Religion erklären, verkünden und bestimmen Wir in Vollmacht unseres Herrn Jesus Christus, der seligen Apostel Petrus und Paulus und in unserer eigenen:
Die Lehre, daß die seligste Jungfrau Maria im ersten Augenblick ihrer Empfängnis durch einzigartiges Gnadengeschenk und Vorrecht des allmächtigen Gottes, im Hinblick auf die Verdienste Christi Jesu, des Erlösers des Menschengeschlechts, von jedem Fehl der Erbsünde rein bewahrt blieb, ist von Gott geoffenbart und deshalb von allen Gläubigen fest und standhaft zu glauben.
Wenn sich deshalb jemand, was Gott verhüte, anmaßt, anders zu denken, als es von uns bestimmt wurde, so soll er klar wissen, daß er durch eigenen Urteilsspruch verurteilt ist, daß er an seinem Glauben Schiffbruch litt und von der Einheit der Kirche abfiel, ferner, daß er sich ohne weiteres die rechtlich festgesetzten Strafen zuzieht, wenn er in Wort und Schrift oder sonstwie seine Auffassung äußerlich kundzugeben wagt.«
(Zitiert nach: Senfkorn. Handbuch für den Katholischen Religionsunterricht Bd. IV, 3. Stuttgart 1988.)

Das unfehlbare Dogma der Unbefleckten Empfängnis Mariens »Ineffabilis Deus« des Papst Pius IX. von 1854 soll hier nicht inhaltlich behandelt werden, sondern einen Geschmack geben von Härte und Intoleranz, zu der Kirche fähig war. Wenn sich auch der Ton seit damals geändert hat, so bleibt immer noch vielen offiziellen Texten des Lehramtes eine Sprache eigen,

Abb. 58. Die deutschen Bischöfe
schreiben in ihren Fastenbriefen einen
kräftigen Stil . . .
(„Berliner Wespen", 1875.)

welche die Christen »vor Ort« kaum noch erreicht. Die Karikatur von 1875
wird so in ihrer Schärfe sicher verständlicher, – leider aber auch die Arbeit
von 1993.

3. Didaktik und Methodik

Eine genaue Beschreibung der Symbole, welche Leischner verwendet, führt
schnell zu seinen Kritikpunkten:

- abgehobene Ferne
- Einsatz kalter Technologie
- Ohrenstöpsel, um nichts hören zu müssen

Mit entsprechenden Urteilen ist die Kirche als Amtskirche heute oft konfrontiert. Heute? Der Vergleich mit dem Original von 1875 zeigt, daß sich hier offenbar in über 100 Jahren nicht viel geändert hat.

Ob gerade das Mariendogma von 1854 als Textbeispiel herangezogen werden sollte, ist fraglich, da es einer inhaltlich genauen Aufarbeitung bedarf, die recht kompliziert ist. Auch aus neuerer Zeit mögen Suchende Beispiele finden, um »Kirchenstil« aufzuzeigen. Leider wird man hier auch manche Predigt oder ab und an das unbefriedigende Auftreten kirchlicher Autoritäten in den Medien erwähnen müssen.

4. Erfahrungen der Praxis

In Gruppen ab Jahrgangsstufe 9 erwies sich der Vergleich zwischen Original und Remake als sehr effektiv: Welche Bildelemente übernimmt Leischner? Was ändert, was »karikiert« er? Warum wird der grobe Besen ersetzt durch einen PC, warum fügt er die Ohrenstöpsel und die Leiter hinzu? Neben den obengenannten Inhalten erweitert auch dieser Zugang die Wahrnehmung und führt zu tieferer »Ein-sicht«.

Nach Beispielen für »Kirchendeutsch« gefragt, fallen den Jugendlichen weniger die offiziellen Lehrschreiben ein, wenn diese auch umsonst in den Kirchen zu haben sind: Vielmehr erinnern sie sich an das Auftreten von »Kirchengrößen« im Fernsehen, an Talkshows und »Heiße Stühle«. Hier, in diesen wenigen »Medienminuten«, wird das Bild von Kirche und Kirchenleitung offenbar deutlicher geprägt als in allen Lehrschreiben und Hirtenbriefen.

VI,4 Steiger: Das Siegertreppchen

1. Beschreibung des Gesehenen

Ein schmuckloses Siegertreppchen, ohne Fanfaren und jubelnden Hintergrund, auf dem – auf einer Ebene – zwei Bischöfe stehen, kenntlich an Hirtenstab und Mütze, deren Blick auf den Platz des Siegers gerichtet ist. Betont schwarz hervorgehoben liegt sie dort, die Heilige Schrift, die in der Kirche immer auf Platz I landen sollte.

2. Ansätze zur Interpretation

Wir alle wissen, daß sich Kirche immer und in jedem Fall zurückbesinnen muß auf das Evangelium Jesu Christi: Hier soll sie Entscheidungshilfe suchen, soll sie versuchen, dem Geist Jesu treu zu bleiben.
Wir wissen aber auch, wie oft dieses Prinzip vergessen bzw. übergangen wurde und wird, wie oft Bürokratie und Amt das Wort hintanstellen oder wenden, bis es paßt.
Steigers Zeichnung zieht den Blick zurück aufs Wesentliche, den Blick der Bischöfe auf den Rängen wie den der Betrachtenden: Für die Kirche ist die Schrift das Zentrum und der, der in ihr verkündet wird.

3. Didaktik und Methodik

Ein unkompliziertes Medium sollte unkompliziert eingesetzt werden: Steigers Karikatur wirkt so schnell und klar aus sich heraus, daß man sie nur in die Gruppe zu geben braucht, um das Gespräch in Gang zu setzen. Das in ihr liegende kirchenkritische Moment (Wo verhält sich Kirche diesem Anspruch gemäß, – wo tut sie dies nicht?) ist frühestens in Jahrgangsstufe 7 anzusprechen.

4. Erfahrungen der Praxis

Die Zeichnung wirkt spontan in allen Altersgruppen; besonders die Kleineren (5. und 6. Schuljahr) haben ihre Freude an ihr, sehen den deutlichen Hinweis auf die Bedeutung der Schrift, sind aber noch nicht in der Lage, das kritische Element zu sehen. Ältere Gruppen sehen die Zeichnung als deutlichen Hinweis an »Amtsträger«: Ihr steht nicht auf Posten 1, vor euch kommt die Offenbarung.

VII
Himmlische Mächte

VII,1 Gulbransson: Der Mensch denkt

1. Beschreibung des Gesehenen

Ein typischer Wissenschaftler sitzt da, mit hoher Stirn und Brille, das Reagenzglas als Attribut des forschenden Geistes in Händen, vor sich aufgebaut ein chemischer Versuch.
Übertrieben und anatomisch unmöglich gezeichnet, drückt die Hand Gottes gewaltig auf sein Haupt, hindert ihn am Hochkommen: »Der Mensch denkt – Gott lenkt«.

2. Ansätze zur Interpretation

Die aus der Überwelt kommende Hand Gottes drückt auf den Forscher, scheint ihn zu unterdrücken – nicht aber zu bedrücken, wenn man das selbstbewußte, trotzig wirkende Gesicht des Forschers betrachtet: Forschung gegen die Macht des Allmächtigen, Selbstbewußtsein des neuen Menschen? Oder vermag die Hand zu mani-pulieren, kann sie das Haupt nach Belieben hin und her drehen, sogar durch kurzen Druck vernichten? Darauf ließe jedenfalls die »Unterschrift« schließen.
Oder ist etwas ganz anderes gemeint? Soll die Macht Gottes die Wissenschaft kontrollieren, damit sie eben nicht »außer Kontrolle« gerät?

3. Didaktik und Methodik

Die Karikatur ist ein Impulsmedium, das Zugänge zu den Bereichen »Religion und Wissenschaft«, »Wissenschaft und Ethik« eröffnet. Methodisch hat sich ein Brainstorming als positiv gezeigt, da die Zeichnung auf mehreren Ebenen interpretationsoffen ist: Wird unterdrückt, soll unterdrückt werden? Wird manipuliert, lenkt Gott wirklich – oder ist das eigene Denken des Menschen ausschlaggebend?

4. Erfahrungen der Praxis

Die Karikatur war auch schon in jüngeren Klassen (ab Jahrgang 7) einsetzbar. Neben dem Brainstorming (s.o.) war es effektiv, die Klasse aufzuteilen und jeder Gruppe eine Folienkopie samt Folienstift zu geben, um über das Bild zu sprechen und gemeinsame Eindrücke festzuhalten.

Viele Lerngruppen beißen sich intensiv beim Bereich »Kirche und Wissenschaft« fest und übersehen dabei, daß Gulbransson offensichtlich eine andere Ebene avisiert: Wie ist das mit Wissenschaft und Ethik? Manipuliert Gott direkt, unterdrückt er Forschungsergebnisse? – was wohl keiner glauben kann. Soll also gar Gottes Hand den Wissenschaftler hindern, das Mögliche zu tun, bedarf es dringend einer »Wissenschaftlichen Ethik« als Pflichtfach für Studierende der Naturwissenschaften? Wenn bei uns in Deutschland »Mediziner« öffentlich darüber nachdenken, Foeten mit Anencephalus (ohne Gehirn) als Organreservoir zu nutzen, zeigt das den dringenden Klärungsbedarf.

VII,2 Quino: Der Altar

1. Beschreibung des Gesehenen

Ein unscheinbares Durchschnittsmännchen sitzt, konservativ gekleidet, auf viel zu großem Stuhl und studiert, von Telefonen und PC umrahmt, aufmerksam ein Papier; so gibt er seinem unangenehm berührten Gegenüber Zeit, sich die ekklesiastische Gigantomanie anzuschauen, welche der durch ein gotisches Kirchenfenster einstrahlende Sonnenschein überdeutlich zu erkennen gibt:

Ein Hochaltar der Selbstsucht, Gottvater und Sohn, Mammon und Engel in einem, von einer überirdisch-selbstsicheren Aura umgeben, auf unterer Ebene dann die weltliche Dimension: der dynamische Sportler, der edle Spender, der Redegewaltige, der Golfer, der Knopfdrücker.

2. Ansätze zur Interpretation

Die Selbstvergottung des Menschen in herber Persiflage: Der Industrieboß – eigentlich eine unwichtig scheinende, zu kleine (und vielleicht gerade deshalb komplexbeladene) Person hat sich selbst zu Gott erhoben, ist aufgefahren in die Unfehlbarkeit des ewigen Selbstbewußtseins, unbesiegt und ungeschlagen, völlig von sich selbst überzeugt.

Der Besucher ist größer gezeichnet, er muß sich in den engen Stuhl hineinzwängen. Die ängstlich festgehaltene Aktentasche zeigt ihn als devoten Untergebenen. Und doch ist sein furchtsamer Blick der des gesunden Menschenverstandes: So etwas kann doch nicht »normal« sein.

3. Didaktik und Methodik

Die Karikatur Quinos eröffnet viele mögliche Ebenen: Egozentrismus der mächtigen Industriebosse, weltfremde Abgehobenheit potenter Personen; Selbstvergottung als eine Form der Verdrängung; die Frage nach Gott und der Trinität; die Frage nach Sinn und Unsinn von Reichtum ...

Sicher über-zeichnet Quino. Und doch gibt es Menschen, die sich selbst als unfehlbar sehen, die ihre (gottähnliche) Allmacht über andere erleben – und mit dieser Erfahrung persönlicher Macht offensichtlich nicht fertigwerden.

4. Erfahrungen der Praxis

Quinos Karikatur wirkt als Lacheffekt mit eingebauter Bremse: Personen aller Altersklassen lachen zuerst verblüfft-belustigt, stocken, beginnen, den Kopf zu schütteln. Gerade die Kleineren spüren, ohne so gut wie Ältere analysieren und argumentieren zu können, daß hier etwas grundfalsch ist, daß da etwas stattfindet, das nicht sein darf. Oft ist ihr lebendiges Gespür für »richtig« und »falsch« ehrlicher als das, was die Größeren herausinterpretieren. Warum wir »Größeren« mit dieser Zeichnung Probleme haben? Weil wir sie viel zu schnell »verstehen« und sie – ohne persönlichen Bezug – »ad acta« legen.

VII,3 Tomaschoff: Der Jongleur

1. Beschreibung des Gesehenen

Gott höchstpersönlich, deutlich gezeichnet durch Dreieck mit Auge als Transzendenzsymbol, jongliert, auf einer Wolke stehend, mit fünf »Bällen« gleichzeitig: Christentum, Buddhismus, Judentum, Islam und Orthodoxe Kirche fliegen, die Weltreligionen in ihrem Symbol dargestellt, in ordentlicher Bahn durch die Luft, alle in Bewegung gehalten und nicht fallengelassen von einem Künstler, dem die Anstrengung (konzentriert-gestreßter Blick, Zunge im Mundwinkel) deutlich anzumerken ist.

2. Ansätze zur Interpretation

Jonglieren ist eine schwere Kunst, und man sieht es dem Himmelsartisten an, wie schwer ihm die Aufgabe fällt: Alle will er in der Luft halten, keine Religion soll verlorengehen. Ob sie es ihm bisweilen schwermachen, alles gut in Gang zu halten? Kann nicht ein Fehler passieren, und alles wirbelt chaotisch durcheinander? Ist der Jongleur noch zufrieden, oder fragt er sich bisweilen, warum er nicht einfach aufhört? Die Sache scheint es ihm jedoch wert zu sein, in seiner Konzentration wendet er sich allen gleichberechtigt zu.

3. Didaktik und Methodik

Gottes Zuwendung gilt allen Religionen, sein Augenmerk ist auf sie alle gerichtet, und er gibt offensichtlich keiner den Vorzug.
Tomaschoffs Karikatur mag dazu anregen, den einzelnen Weltreligionen mit Hochachtung zu begegnen, wie das ja auch das 2. Vatikanum fordert.
Gleichzeitig sind alle hier symbolisierten Religionen (auf seine Art auch der Buddhismus) vom Glauben an den »Einen Gott« bestimmt, so daß zwischen Jongleur und Jongliertem ein deutlicher Zusammenhang besteht.
Die Tiefe der anzustrebenden Einsicht hängt wesentlich von der gewählten Altersstufe ab: In Jahrgangsstufe 5 ist es schon viel, alle Bildelemente zuzuordnen, speziell die Symbole richtig zu deuten und zu erklären. In Jahrgangsstufe 13 oder bei Erwachsenen werden Einzelheiten der Weltreligionen wichtig oder auch die Problematik der Gottesfrage, die hinter der Karikatur steckt.

4. Erfahrungen der Praxis

Bei den Fünftkläßlern war viel Zeit und Energie nötig, um allein die wesentlichen Symbole zu besprechen; ihr Fragen galt vor allem dem seltsamen Jongleur: Was macht der denn da? Der steht ja auf einer Wolke? Was wirft der da in die Luft?

In älteren Gruppen, speziell in der Oberstufe, wird im wesentlichen über die Weltreligionen und ihr Verhältnis zueinander geredet; in den letzten zwei Jahren gewinnt in interessierten Gruppen dann die Tagespolitik immer mehr an Raum: Warum hat der westliche Einsatz im Golfkrieg im nachhinein zu keiner Verbesserung der soziologischen Strukturen in den Emiraten geführt?, fragen Erwachsene mit Hintergrund. Warum greift die UNO nicht in Bosnien ein?, fragen Zehntkläßler. Wie kann ein fanatisierter jüdischer Siedler 52 betende Muslime niedermähen?, fragen meine Schüler heute.

VII, 4 Kley: Pfui Deifel!

PFUI DEIFEL!   H. KLEY

1. Beschreibung des Gesehenen

Schwarz in schwarz ragen rußende Schornsteine und schmutzige Fabrikhallen in die Höhe, lassen einen die niedersinkenden, gefallenen, verzweifelten Schemen fast übersehen, die Menschen sein sollten. Eingebunden in diese finstere Welt steht eine überragende Gestalt, auch schwarz in schwarz, dürr und hager, mit spitzen Ohren und Teufelsschwanz: »Pfui Deifel!« muß selbst der Teufel urteilen, als er sich eine Nase voll des Höllengestankes holt, der aus den Schornsteinen quillt.

2. Ansätze zur Interpretation

Lange schon vor Ökofreaks und Grünen Tonnen – Heinrich Kley ist 1952 gestorben – schuf eine scharfe Feder Zeichnungen, die zeitlos sind. Gegen eine Welt der Industrialisierung und Maschinen stellt er den Teufel, dem es hier sogar selbst nicht mehr gefällt.

»Der Teufel hat die Welt verlassen, weil er weiß
Die Menschen machen selbst die Höll' einander heiß«,

geben die Herausgeber der Karikatur als Denkanstoß bei.

Einerseits scheint er gut, in schwarzer Färbung und Zeichnung, in das finstere Szenario zu passen, der Teufel. Andererseits ist selbst ihm die »neue Zeit« ein Brechmittel: Menschen produzieren, fabrizieren Ekel, den selbst er »nicht riechen« kann.

3. Didaktik und Methodik

Die Figur des Teufels ist beherrschend, sie ist das einzig lebendig-aktive in dieser trostlosen Zeichnung. Aber eigentlich ist der Teufel nur Nebensache, und die vier im Vordergrund leidenden Gestalten sind das Zentrum: In einer Welt, in der Industriekomplexe herrschen und diktieren, wird der Mensch zum machtlosen Opfer.

Hinweis: Der Aspekt »Mensch und Umwelt, Ökologie« ist bereits im Band »Menschlich – Allzumenschlich« hinreichend dargestellt worden, weitere Anregungen sind dort zu finden.

4. Erfahrungen der Praxis

Alle reden über Umweltschutz – bis zum Überdruß, bisweilen. Durchaus mit
Recht dient die Karikatur auch als gutes hinleitendes Medium zu einer
solchen Thematik. Die besten Situationen aber realisierten sich in solchen
Momenten, wo die Sprache auf den Teufel kam: Wo ist er in Schöpfung zu
denken bzw. wie, wenn überhaupt? Kann der Mensch teuflischere Sachen
machen als der Diabolos, der große Verwirrungsstifter? Ist der Teufel gar,
wenn überhaupt, im Menschen zu finden? Wenn aber das Böse als Prinzip
in uns steckt (Teufel), warum dann nicht auch das Gute (Gott)? So ist Kleys
hellsichtige Arbeit ein Beispiel für ein gutes Medium: einfach und schwierig,
anregend und fordernd zugleich.

VIII
Die Menschen und ihr Glaube

VIII,1 Gott ist tot!

1. Beschreibung des Gesehenen

Die Linke wütend zum Protest geballt, in der Rechten ein großes Schild mit der Aufschrift »Gott ist tot!« – so steht ein wütendes Männchen da mit blitzenden Augen, den Mund zum Schrei geöffnet.

Eigentlich nichts Außergewöhnliches, sieht man davon ab, daß solch lauter Protest zu diesem Thema heute kaum noch zu hören ist, – wäre da nicht dieser seltsame Untergrund, auf dem der Protest sich erst erheben kann.

2. Ansätze zur Interpretation

Diese Karikatur ist nur eine kleine, schnell zu übersehende Marginalie.

Ihre gute Qualität wird aber sichtbar, wenn man sie vergrößert, augenscheinlicher darstellt: Die deutliche Antithese zwischen Protest gegen und unbewußtem Geborgensein in Gott ist auffällig. Gott ist nicht tot – es kann wohl sein, daß ich ihn nicht sehe, auch wenn ich die Augen noch so sehr öffne; er ist nicht stumm – vielleicht, weil ich selbst zu laut schreie?

3. Didaktik und Methodik

Wie schon andernorts ist auch hier die Verfremdung, die Variation der Arbeit hilfreich: Eine Fassung ohne die tragende Hand (S. 87) ermöglicht in allen Altersstufen ein Gespräch über »Atheismus«, – das Einblenden des Originals eröffnet aber eine theologische Dimension, die jedem einsichtig, wenn schon nicht einsehbar sein müßte.

4. Erfahrungen der Praxis

Das Männchen gefällt. Schon in 5. und 6. Klassen erntet es Lacherfolge, ermöglicht aber auch intensive Überlegungen. Bei vielen Kindern werden die anthropomorphen Gottesvorstellungen, die in diesem Alter oft zu finden sind, deutlich: »Der hat aber Riesenhände« oder »Mensch, ist der groß«.
Daß die Hand Gott darstellt, ist den meisten aber klar. Ältere Schüler empfinden oft eine gewisse Verärgerung: Ihnen scheint der kleinen Person einfach die Freiheit zu fehlen: Sie kann schreien wie sie will, sich heftigst wehren, sie wird von Gott »einkassiert«.

VIII,2 Quino: Geschäfte

1. Beschreibung des Gesehenen

Voller Verzweiflung blickt ein Geschäftsmann auf die fallende Kurve seiner Geschäftsbilanzen; schließlich greift er zur letzten Hoffnung, zum rettenden Strohhalm: auf ein Diktiergerät spricht er flehentlich-devot Bittgebete, um den Untergang aufzuhalten, dann läßt er einen Angestellten kommen, erteilt ihm einen mit Taxi zu erledigenden Blitzauftrag: Demütig reportiert die moderne Elektronik die Geschäftsgebete vor einer Mutter Gottes mit Jesuskind, in stellvertretender Devotion verharrt der Angestellte in Büßerpose.

2. Ansätze zur Interpretation

Nichts wirkt so deplaziert wie ein sich abspulendes Diktiergerät, niedergelegt auf einer Kniebank vor der Mutter Gottes. In aller Not, die den »Geschäftsmann« bis zum Beten treibt, ist er nicht in der Lage, sich selbst vom Schreibtisch zu entfernen, in die Kirche zu gehen, zu beten: Elektronik und beflissene Angestellte sind ihm so selbstverständlich, daß er sie ohne Bedenken und Gedanken einsetzt.

Und dennoch: ein kleiner Lichtschein erleuchtet das plappernde, abgelegte Gerät auf dem letzten Bild: Erhört Gott auch bei dieser (unbeabsichtigten) Geschmacklosigkeit? Geht seine Gnade über den Wert der Ordnung hinaus, zählt die Verzweiflung mehr als der Mißgriff? Ein Unbehagen bleibt, die Interpretation ist offen.

3. Didaktik und Methodik

Eine Reihe zur Thematik »Beten – Gebet« kann durch diesen Cartoon eine motivierende Eröffnung finden; gerade jüngere Schüler stürzen sich, wenn man das letzte Bild zuerst nicht eingibt, auf die Frage: Was ist hier dargestellt? Wie geht die Geschichte weiter? Erfahrungsgemäß ist das Thema »Beten« für die Jugendlichen im ersten Moment negativ beladen, da mit (Vor-)Urteilen belegt. Der Weg über die Zeichnung ermöglicht so den nicht nur objektiven, sondern sogar humoristischen Einstieg.

4. Erfahrungen der Praxis

Wie oben angedeutet, kreist das Gespräch wesentlich um zwei Bereiche: einmal um denWeg vermittels der Elektronik, der in diesem Zusammenhang von den meisten instinktiv als völlig falsch empfunden wird; zum anderen aber um die Möglichkeit, daß selbst solch ein Verzweiflungsschrei gehört werden kann.

Einzelne Gruppen kommen sehr schnell zu der Frage, worin denn der Sinn des Betens zu sehen sei – schließlich wird die Statistik der Firma jetzt ja wohl nicht nach oben gehen: »Was soll also das Theater«, wie ein Schüler, stellvertretend für viele, wörtlich sagte.

VIII,3 Volland: Erziehung

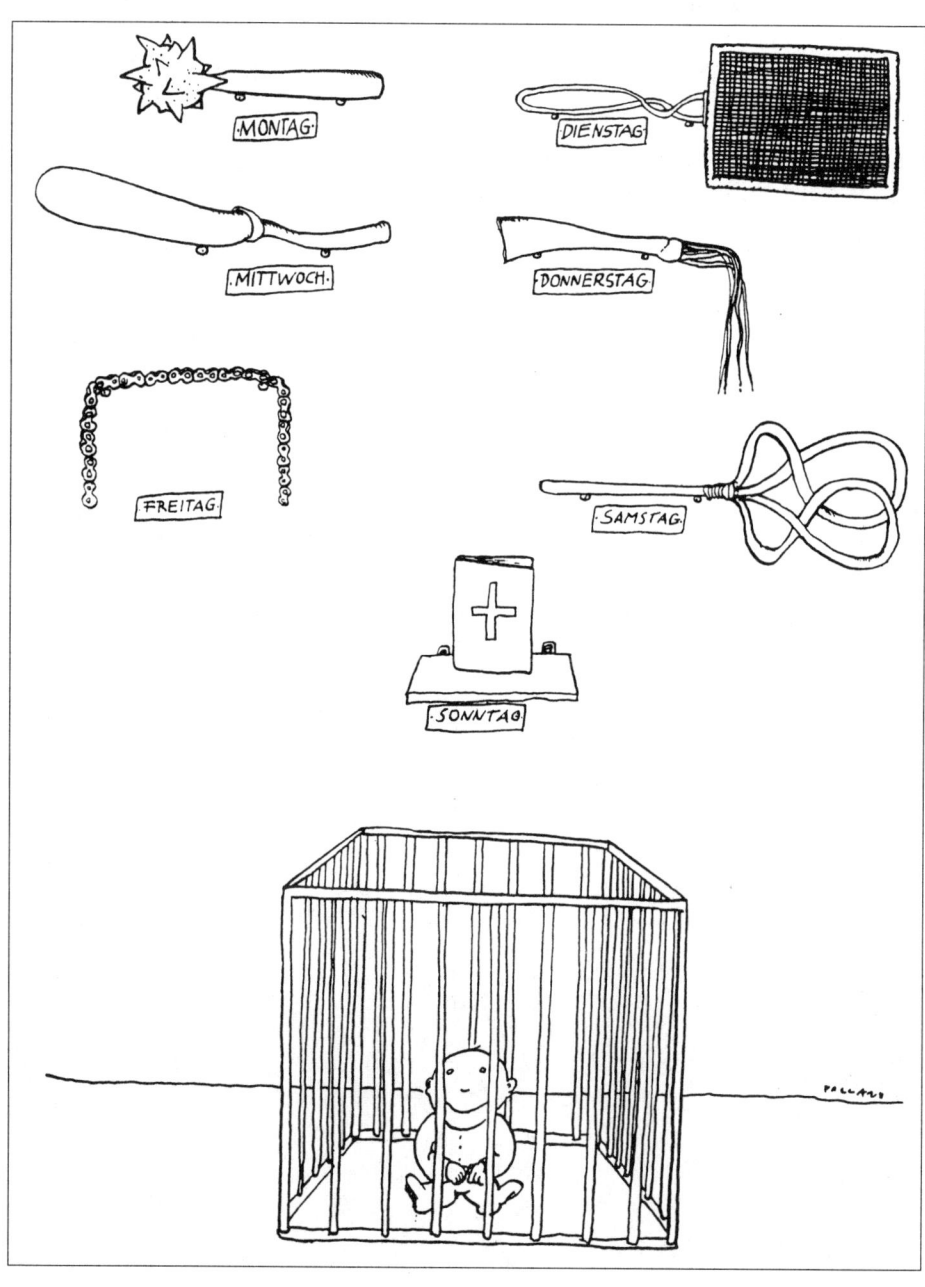

1. Beschreibung des Gesehenen

Ein glücklich lächelndes Baby sitzt in einem hochgezogenen, vergitterten Laufstall; vertrauensvoll und optimistisch schaut es, mit seiner einjährigen Lebenserfahrung, nach draußen, wo es weiter nichts zu sehen gibt, gäbe es da nicht das Greuel-Kabinett der Erziehungsmittel. Sie hängen über dem Kind, sind daher unsichtbar für es selbst und produzieren eine fürchterliche Zukunft:

Montag:	Morgenstern
Dienstag:	Patsche
Mittwoch:	Schlagstock
Donnerstag:	Peitsche
Freitag:	Kette
Samstag:	Teppichklopfer
Sonntag:	Bibel

2. Ansätze zur Interpretation

Das Wort Gottes, das Menschen – im wahrsten Sinn desselben – um die Ohren geschlagen wird. »Halt die Hand hin, – wenn Du schreist, gibt's noch eine!«
Jeder kennt Beispiele für die grausame Erfahrung, daß die Bibel als Züchtigungsmittel eingesetzt wurde, abgesehen einmal von dem vielfältigen Mißbrauch ihrer Inhalte. »Aber das ist doch längst vorbei!«, sagt es in mir.
Ist es so ganz vorbei? Mein Vater erzählt noch von Ohrfeigen des Priesters im Religionsunterricht; ich selbst bekam als Kind Ärger, weil ich die »Sintflutgeschichte« nicht wörtlich nahm, da ich nicht verstand, wie all die Tiere in die Arche passen sollten.
»Inzwischen vorbei«, das stimmt. Aber warum sieht ein Zeichner der Gegenwart die Bibel immer noch als schlagendes, züchtigendes Unterdrückungsmittel?

3. Didaktik und Methodik

Die über dem Laufstall abgebildeten Werkzeuge sollten auf das allgemein Verbindende hin untersucht werden; alle sind zum Schlagen da; alle haben – irgendwie, mehr oder weniger – mit Gewalt, mit Zerstörung zu tun; viele sind Symbole grausamer Macht. Und die Bibel, durch Aufstellpodest noch hervorgehoben?
Als letztes »Erziehungsmittel« schwebt sie wie ein Damoklesschwert über dem Haupt des unschuldigen, nichtsahnenden Kindes.
Wie weit geht die Symbolik? Wird das Kind – möglicherweise – zu jedem Menschen? Werden die »Schlagwerkzeuge« zum Stellvertreter jeder »übergeordneten Macht«?
Auf alle Fälle hat die Zeichnung eine impulsive, nach vorne drängende Kraft in sich, die Betrachtende erstaunt und die zu nutzen sinnvoll ist.

4. Erfahrungen der Praxis

Die Bibel und Gott als schlagkräftige Sozialisierungsinstrumente werden von den meisten Jugendlichen nur noch belächelt – zumindest auf den ersten Blick; bei Erwachsenen sieht das schon anders aus: Arbeiten Sie mit Menschen der Kriegsgeneration daran, insbesondere Frauen, wird Ihnen das aufgehen.
Nun wird Bibel nicht mehr »so« verstanden, – aber jeder hält es für selbstverständlich, daß es einmal genau so war. Und viele fragen sich, wie das Kind so glücklich lächeln kann, – oder wann man ihm beibringt, das Lächeln sein zu lassen hinter den Gittern und Barrieren seines »eingeschlagenen« Lebensweges.

VIII,4 Weber: Die Sünderin

1. Beschreibung des Gesehenen

Alle sind sie versammelt, die Kleinen wie die »Großkopferten«, denn immerhin gibt es etwas zu sehen: Da wird eine gerichtet, zu Recht, das dem Gesetz nach verdiente Urteil wird verhängt:
Andächtige,
Geile, Lüsterne,
Gaffende,
Hämische…: Sie alle sind da, um der Hinrichtung beizuwohnen.

2. Ansätze zur Interpretation

Lebendig ist einzig das Opfer gezeichnet, mit menschlicher Linie, verloren hängendem Haar: Unschuldig ist hier nur eines, das Opfer. Dunkel ragen die Kanäle hervor, wie die Augen einer Totenmaske mit scharfliniger Nase.
Alle warten, daß etwas geschieht. Jeder weiß, daß es das Falsche sein wird. Und es wird zugelassen.

3. Didaktik und Methodik

Jeder ist angehalten, den ersten Schritt zu tun, also tu ihn! Soll ich ergo den berühmten Stein werfen, soll ich verdammen? Oder sollte ich gerade hier »Halt« rufen und eingreifen?
Es geht um Sachzwänge, um Dinge und Sachen, die zwingen. Der da/die da ist anders, verhält sich gegen die Regeln.
Welche Regeln?
Wer stellt sie auf?
Warum hat er das Recht?
…
…

4. Erfahrungen der Praxis

In ihrer brutalen Deutlichkeit ist Webers Arbeit wohl erst erwachsenen Menschen zumutbar. Immerhin kann das Bild auch in Klassen der »normalen« Jahrgänge, schon ab der 6. Klasse, wirken. Die Unschuld der Schuldigen, die saturierte Genugtuung der Unschuldig-Schuldigen erkennen Kinder jedenfalls, je jünger, desto besser.

IX
Und das Ende?

IX,1 Erlinghäuser: Kirche der Zukunft?

1. Beschreibung des Gesehenen

Frustriert starrt ein junger Geistlicher in die gähnende Leere seiner Kirche; deutlich drehen sich die Rädchen im Gehirnkasten, um endlich eine »Erleuchtung« auszuspucken:
Bild 4 zeigt eine Kirche voller Leute, es ist richtig etwas los –
ein »Beichtomat« erteilt die Absolution,
ein »Messomat« den Abschlußsegen,
Weihrauch gegen Barzahlung,
Telespiel »Teufelsjagd«,
Glücksspielautomaten, die dem Gewinner ein »Halleluja« entlocken – und viele kleine Münzen, weshalb der berühmte »Wechslertisch« nicht fehlen darf.

2. Ansätze zur Interpretation

Die Bildfolge ist nach meinen Ideen gezeichnet worden und sollte die Betrachtenden zum Nachdenken bringen über Kirche, aus der die Menschen einerseits fernbleiben – und Kirche, die sich andererseits allzusehr anpaßt. Was bisher nur ansatzweise zu sehen ist, Bingoautomaten in einzelnen Freikirchen in den USA, elektrische Lämpchen in Kirchen Europas, die gegen Geld die Kerzen ersetzen – das alles kann, dem Sog der Trends folgend, über elektronische Kirchenführer und sonstige die Menschen ersetzende Medien weitere Kreise ziehen: Eine deutliche Sprache spricht der als Hilfsmaterial beigegebene Artikel über einen Roboter-»Priester« in einer japanischen Friedhofshalle (S. 100).

3. Didaktik und Methodik

Die Bildfolge wird eingegeben, und die Jugendlichen werden gebeten zu beschreiben, was hier geschieht. Schnell ist der richtige Ansatz gefunden, besonders die einzelnen Elemente des vierten Bildes werden gerne und mit Lachen gedeutet. Das Lachen vergeht allerdings schnell, wenn das Begleitmedium mit Text vorgelegt wird: Plötzlich ist das utopisch, widersinnig Scheinende Realität geworden.

4. Erfahrungen der Praxis

Die Arbeit mit Erlinghäusers Karikatur macht gerade den Jüngeren viel Freude, auch schon in 5. und 6. Klassen kann man so auf einem einfachen Niveau über »Kirche der Zukunft« reden.

Der Einsatz des Zeitungsartikels (s.u.), der erst bei Älteren sinnvoll ist, wirkt auf viele Jugendliche wie ein Schock: Was bei der lustigen Zeichnung unrealistisch schien, steht plötzlich elektronisch agierend im Raum. Bei fast allen läßt sich eine gesunde Abscheu vor solchen technischen Religionsersatzmitteln feststellen: den Priester aus Silikon, die Maschine zum Beichten, den elektronischen Muezzin – das alles dürfte es nicht geben. Warum aber gibt es das dann?

Der Gottesmann von Yokohama

Wer in Japan einen buddhistischen Tempel besucht, sollte sich den Geistlichen genau anschauen: Hat er wächserne Augen und falsche Wimpern? Ist seine Haut leblos wie der Teint einer Puppe? Wirken die Bewegungen ein wenig zu kantig? Kurzum: Ist er gar nicht aus Fleisch und Blut? Möglich wär's, denn was in der Friedhofshalle in Yokohama Chuo Alltag ist, könnte auch anderswo bald Wirklichkeit werden: Ein Roboter hat dort den Dienst angetreten.

Mit seinem beweglichen Mund, dem weißen Bart und dem schwarzen Gewand wirkt er so ehrwürdig, daß mancher Priester ihn schon für einen echten Kollegen gehalten hat. Zumal er das Standardrepertoire fließend beherrscht: Jeden Morgen singt er zehn buddhistische Sutras, und es gelingt ihm auch mühelos, sich vorschriftsmäßig zu verbeugen.

Wenn er seine »Arbeit« vor den Trauernden beendet hat, verschwindet er in der Zimmerdecke. Rund 350 000 Mark hat die Gemeinde für ihren falschen Gottesmann ausgegeben und damit eine Notlösung gefunden, die umstritten sein mag, aber ein drängendes Problem beseitigt: In Japan leben von Jahr zu Jahr mehr alte Menschen, doch es mangelt an Priestern.

Auch bei anderen Religionen fehlt es an geistlichem Nachwuchs. Längst steht auf vielen moslemischen Minaretten kein Muezzin mehr. Zu den Gebeten ruft ein Tonband.

Längst haben amerikanische Evangelisten das Massenmedium Fernsehen als Kanzel entdeckt, um ihren Schäfchen den Weg ins Gotteshaus zu ersparen. Der erfolgreiche TV-Prediger Robert Tilton hat selbst seine heilenden Hände auf High-Tech umgestellt – Hilfesuchende sollen nur noch ihre Mattscheibe berühren.

Kalifornische Katholiken haben sich auf der Suche nach Sündenerlaß mit einer »Automatic Confession Machine«, einem Beichtcomputer, beholfen. Die Schwere ihrer Vergehen müssen sie allerdings selbst einschätzen – mittels Tastendruck als »läßliche Sünde« oder »Todsünde«. Dann spuckt die Sündenkalkulationsmaschine die Buße aus: Auch der Computer favorisiert Gebete wie »Ave-Maria« und »Vaterunser«.

Italienische Gläubige können sich selbst diesen Gang sparen und ihre Sündenliste einfach an den nächsten Geistlichen faxen. Die Absolution erfolgt ebenfalls schriftlich. Und wer nicht Buße sucht, sondern Zwiesprache, der kann seine Gebete an eine Agentur in Jerusalem faxen. Die steckt die Briefe in Ritzen der Klagemauer.

Hierzulande blieben die Gläubigen bisher von solchen Novitäten verschont. Doch wer weiß – vielleicht müssen sie ihre Gemeindepfarrer bald etwas intensiver beobachten?

(Die Welt, 16.10.1993)

IX,2 Ballesta: Und die Steuernummer?

BALLESTA

1. Beschreibung des Gesehenen

Ein kleines, unglücklich schauendes Männchen in unauffälligem Anzug und mit Reisetasche – der typische »Kleine Angestellte«, »Handelsreisende« oder »Otto Normalverbraucher« – steht, bescheiden versehen mit Winzheiligenschein und Flügelchen, vor der Pforte des Paradieses, welche nicht etwa von einem Engel mit Flammenschwert bewacht wird, sondern von einem Bürokraten:
»Und die Steuernummer?«, lautet die alles erklärende Frage des Herrschers über die Formulare. Seine Größe dominiert, riesige Flügel verleihen himmlische Autorität, die Brille verstärkt das geschäftsmäßige Element. Das von oben lugende Engelchen ist bedeutungslos in diesem Jenseits-Wunschtraum der Allesplaner.

2. Ansätze zur Interpretation

Kennen Sie Ihre Steuernummer? Auswendig?
Was diese Karikatur vermittelt, ist die Vision eines Himmels, der geordnete Hölle ist, eines Jenseits, in dem es so weitergeht wie bisher, in dem die Großen mit den Akten dominieren und die Kleinen mit den Stangenanzügen kuschen. Ist das Himmel – oder Hölle?

3. Didaktik und Methodik

Himmel und Hölle sind oft mißverstandene/mißerklärte Begriffe. Ballesta schafft es mit einfachen Mitteln, den Himmel zur Hölle zu machen, indem er alte, allen bekannte Schemata drastisch einsetzt. In Gruppen mit Älteren reicht es aus, vor dem Einblenden der Karikatur groß das Wort

Steuernummer

an die Tafel zu schreiben und ein Brainstorming zu veranlassen; die Karikatur führt dann zu guter Arbeit über die Themen »Himmel«, »Hölle«, »Bürokratie«.

4. Erfahrungen der Praxis

Mit dem Begriff der Steuer können schon erstaunlich junge Kinder etwas anfangen; was das aber mit Himmel und Hölle zu tun hat, ist erst für Ältere klar – am ehesten wohl für die, welche schon einmal eine »Steuererklärung« ausfüllen mußten.

Wichtiger ist aber die Frage nach dem Jenseits:

Wie kann ich mir Himmel vorstellen?

Was könnte Hölle sein?

Warum wirkt die Karikatur so enttäuschend?

Das jedenfalls sind Fragen, die mehr oder weniger direkt gestellt werden und zum Weiterdenken anregen.

IX,3 Wessum: Die Wahrheit

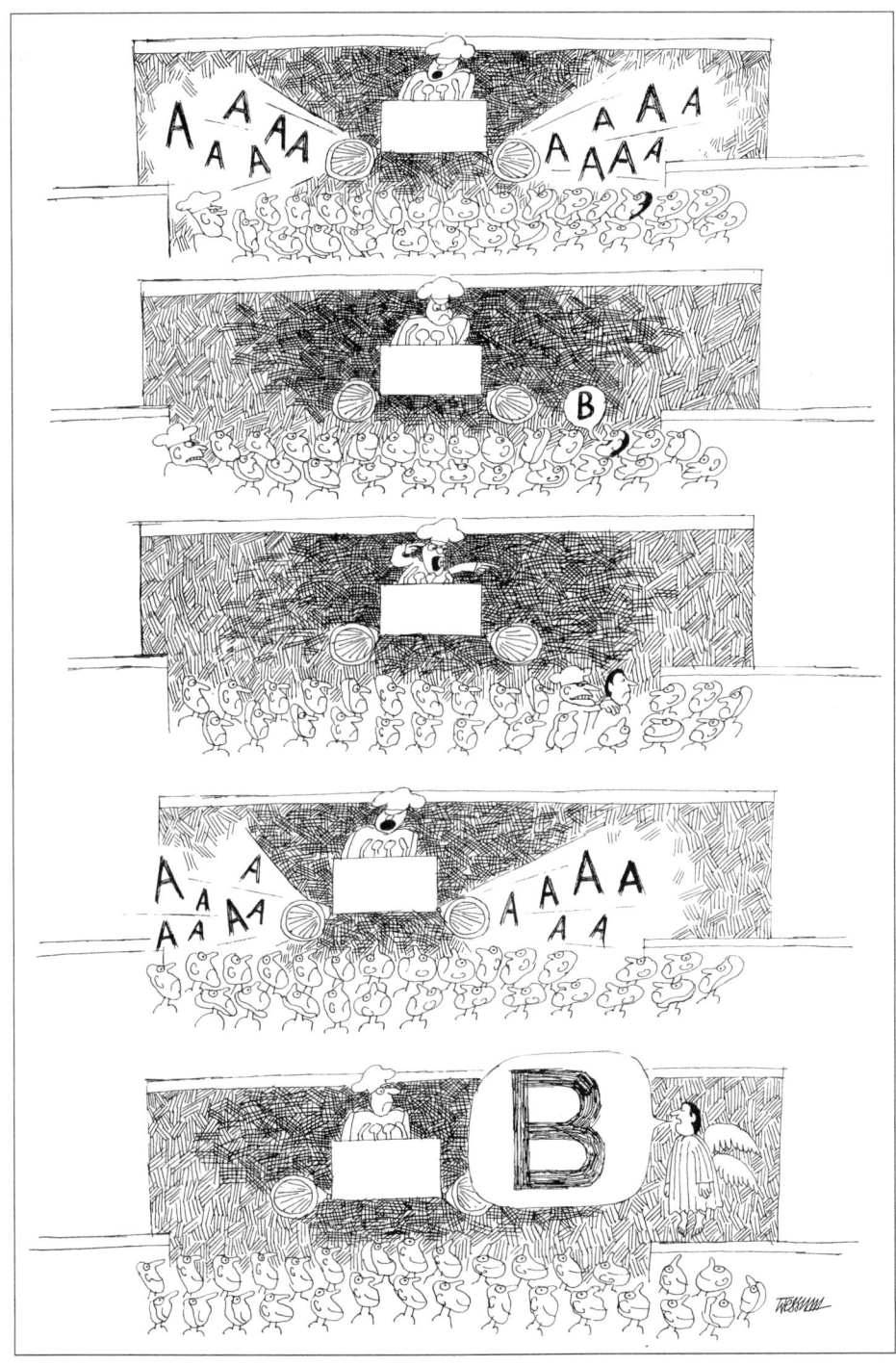

1. Beschreibung des Gesehenen

Von einer zentralen Machtfigur ausgehend, tönen Einheitsphrasen über eine frustrierte Menge hinweg, in der einer, mit dunklen Haaren gezeichnet, hervorgehoben wird. Nur dem Aufpasser im Hintergrund scheinen die Tiraden zu gefallen: Er lächelt zufrieden. Fröhlich äußert plötzlich einer eine andere Meinung, Hoffnung erscheint in den Gesichtern der Menschen, Staunen beim unterbrochenen Großredner, Grimm erfaßt den Schergen.
Der Freimütige wird abgeführt, vorbei ist die Hoffnung, die Einheitsrederei geht weiter, alles ist wieder beim alten – da erscheint, als Engel schwebend, der ermordete Dissident und gibt laut, unverletzlich und mächtig der Wahrheit ihren Raum.

2. Ansätze zur Interpretation

Die Unterdrückung von Freiheit und Meinung ist in unserer Welt immer noch weit verbreitet. Jan van Wessum malt ein Szenario, das sich vielerorts so ereignen kann und ereignet – mit der befreienden Variante, daß es eben nicht gelingt, mit dem Menschen auch die Wahrheit zum Schweigen zu bringen. Symbolisch wird sie sich irgendwann erheben, – auch wenn sie lange und brutal niedergeknüppelt wurde.

3. Didaktik und Methodik

Wessums Bildfolge ist in ihren Elementen eindeutig, die SchülerInnen sollten leicht in der Lage sein, sie nachzuerzählen. Die Deutung des letzten Bildes ist dann nicht mehr ganz so einfach: Was will der Künstler damit zum Ausdruck bringen? Will er zeigen,

- daß Gewalt, Diktatur und Unterdrückung zwar den Körper vernichten können, nicht aber die Seele?
- daß die unterdrückte Wahrheit irgendwann zu ihrem Recht kommt?
- daß es immer, auch in der ausweglosesten Situation und Zeit, einen Hoffnungsschimmer gibt?

4. Erfahrungen der Praxis

Die obengenannten Ansatzpunkte wurden im Unterricht immer wieder angesprochen; es war aber auch interessant, die einzelnen Bilder näher zu betrachten: Wie wird die Dominanz der Diktatur verdeutlicht? Wie ist die Reaktion der Masse zu deuten? Was drücken die Buchstaben aus, besonders das kräftige »B« im letzten Bild?

IX,4 Rencin: Und das Ende?

1. Beschreibung des Gesehenen

Ein kleines Krabbelkind stellt sich, nach rückwärts gerichtet, eine große Frage, die es durch das Leben geleitet: das Schulkind, den jungen, jetzt nach vorwärts orientierten Mann, den »gestandenen« Menschen des mittleren Alters, der die Frage mit besonderer Dringlichkeit stellt, schließlich den Greis, der – wie Baby und Kind, sich rückwärts wendet. Im Grab schließlich folgt die große Erleuchtung, die große Erkenntnis, die Beantwortung der Frage.

2. Ansätze zur Interpretation

Das Fragezeichen begleitet diesen Menschen durch sein ganzes Leben – die Frage nach dem Sinn der eigenen Existenz? In der Lebensmitte stellt sie sich offenbar am deutlichsten, wird markant gezeichnet. Auch in der Rückwendung des Alten, dem Rück-Blick über sein Leben, bleibt die Frage bestehen – und wird im Grab, im Tod mit aller Macht beantwortet. Genauer betrachtet, strahlt Rencins Arbeit einen riesigen Jenseitsoptimismus aus: Wenn alles »vorbei« zu sein scheint, wenn wir die Laufbahn dieser Existenz hinter uns haben, – dann wird uns alles klar und offensichtlich sein: Wir werden die Antwort auf unsere Lebensfrage erhalten!

3. Didaktik und Methodik

Die Frage nach dem Sinn des Lebens wird durchaus oft und deutlich gestellt; das Erstaunliche an Rencins Antwort ist das letzte Bild, das in aller Radikalität die Frage bejaht, einen tiefen Sinn unserer Existenz gerade an der Stelle zeigt, an der für viele Zeitgenossen ihr Unsinn beginnt.
Methodisch ist es reizvoll, die Bildfolge an die Jugendlichen auszuteilen, nachdem das Ausrufezeichen in Bild 6 entfernt wurde und nur die leere Sprechblase dasteht: Jede und jeder soll dann hier hineinschreiben oder malen, was sie oder er für richtig hält.

4. Erfahrungen der Praxis

Das Offenlassen der letzten Sprechblase ist eine sinnvolle methodische Variante: Hier entstehen oft interessante Gebilde, die zum gemeinsamen Gespräch auffordern, einzelne Deutungen treffen sogar genau den Schluß des Künstlers.

Die Ausrichtung der einzelnen Lebensphasen, vor allem der Rückblick des alten Menschen in die Richtung des Kindes, wird von Feinfühligen erkannt, viele scheinen diesbezüglich Erfahrungen mit den eigenen Großeltern zu haben.

Der große, seltene Optimismus, der machtvoll über dem Grabeshügel schwebt, imponiert – und ist ein hervorragender Schlußpunkt dieses Arbeitsbuches.

Stichwortregister

Die römischen Zahlen bezeichnen das übergeordnete Kapitel, die arabischen die jeweils zugehörige Karikatur; vergleiche dazu auch das Inhaltsverzeichnis!

A

Altar	VII,2; VIII,2
Alter	IX,4
Amt	II; IV,1; IV,3; IV,4; V,1; V,2; V,4; VI,1-4; VIII,4; IX,2
Angst	III,4; V,1; V,3; VII,1; VIII,2; VIII,3; IX,3
Anonymität	II; III,4; VIII,2; VIII,4; IX,1; IX,2; IX,3
Anpassung	siehe Widerstand
Antonius	siehe Heilige
Arbeit	VII,4; VIII,2
Armut	siehe Reichtum
Arroganz	III,1; III,3; V,1; VI,3; VII,1; VII,2; VIII,1
Atheismus	siehe Religionskritik
Auferstehung	III,4; V,4; IX,2-4
Ausbeutung	III,1; III,3; VII,4; IX,1
Autorität	II; III,3; V,1-3; VI,1-4; VIII,3; IX,3

B

Befehl	V,2
Begegnung	II; VIII,2; IX,1
Begrenztheit	siehe Freiheit
Beichte	IX,1
Beruf	VII,2; VIII,2
Besitz	III,1; IV,2; V,1; VII,2; VIII,2
Bibel	VI,4; VII,3; VIII,3
Bischof	siehe Amt
Böse, das	siehe Teufel
Brutalität	siehe Gewalt
Buße	siehe Beichte
Bürokratie	siehe Amt

C

Christen	II; III,1; VII,3; VIII,2; VIII,4; IX,1
Christus	siehe Jesus Christus
Charisma	V,1; V,3; VI,3

D

Determination	VII,1; IX,2; IX,4
Diktatur	III,1; IX,3

E

Egoismus	III,1; V,1; VI,1; VII,1; VII,2; VIII,1; IX,1
Eigentum	siehe Besitz
Einsamkeit	II; VIII,4
Ende der Welt	siehe Anfang der Welt
Engagement	IV,4; IX,1; IX,3
Engel	V,4; IX,2
Erziehung	V,3; VIII,3

F

Familie	VI,1; VIII,3
Feiern	IX,1
Freiheit	III,1; VI,1; VII,1; VIII,1; VIII,3; VIII,4; IX,1-4
Frieden	III,1; III,4; V,2; IX,3

G

Gebet	III,1; VIII,2; IX,1
Gebot	V,4; VI,1-3; VII,1; VIII,3
Gehorsam	siehe Autorität
Geld	siehe Reichtum
Gemeinschaft	IV,3; VI,4; VIII,4; IX,1
Gerechtigkeit	III,1; III,3; V,1; V,2; VIII,4; IX,3
Gewalt	III,1; III,3; III,4; V,1; V,2; VI,2; VII,1; VIII,3; VIII,4; IX,3
Gewissen	III,1; V,2; V,3; VI,1-4; VII,1; VIII,1-4; IX,1; IX,3
Glaube	II; III,3; IV,1; V,1; V,2; VI,1-4; VII,2; VII,3; VIII,1-4; IX,1-4

Gleichberechtigung   III,3; V,4
Glück   VII,2; VII,4; VIII,2; VIII,3; IX,1-4
Gott   II VI,4 VII,1-3 VIII,1 VIII,2 IX,1-4
Glaubensbestreitung   siehe Religionskritik

H

Habsucht   III,1; VII,2; IX,1
Haß   III,3; V,2; VIII,4; IX,3
Herrschaft   siehe Macht
Heuchelei   siehe Lüge
Hierarchie   siehe Amt
Himmel   V,4; IX,2-4
Hölle   VII,4; VIII,4; IX,2
Hoffnung   II; VIII,1; VIII,2; IX,2-4
Humanae Vitae   VI,1
Hunger   siehe Armut

I

Identität   II; V,3; VII,2; VIII,1; VIII,3; IX,1; IX,3
Ikone   siehe Kunst
Inquisition   V,1; VIII,4

J

Jesus Christus   III,1; VIII,4

K

Kanzel   V,3; VI,3; VI,4
Karriere   V,1; VII,2
Kathedrale   siehe Kunst
Kirche   II; III,2; IV,1-4; V,1; VIII,3; IX,1
Kommunikation   VI,3; VIII,2; IX,1
Konflikte   III,3; V,2; VI,2; VII,1; IX,3
Konsum   VIII,2; IX,1
Kreuz   III,1-4
Krieg   siehe Frieden
Kunst   II; III,2; IV,2; V,1

L

Langeweile	II; IX,1
Leben nach dem Tod	siehe Auferstehung
Lehre	siehe Amt
Leid	III,1; V,2; VIII,4; IX,3
Leistung	VII,2
Liebe	VI,1; VIII,3; VIII,4
Lüge	siehe Wahrheit
Luxus	siehe Reichtum

M

Macht	II; III,1-3; IV,1; IV,3; V,1; V,2; V,4; VI,1-4; VII,1; VII,2; VIII,3; IX,3
Manipulation	siehe Wahrheit
Martyrium	V,1; VIII,3; VIII,4; IX,3
Medien	VI,3; IX,1
Medizin	VII,1
Meinungsfreiheit	siehe Freiheit
Menschenrechte	siehe Freiheit
Menschenwürde	siehe Freiheit
Mission	III,3
Mode	IX,1
Moral	III,1; III,3; V,2; V,3; VI,1-4; VII,1; VII,2; VIII,2-4; IX,1; IX,3
Mut	siehe Zivilcourage

N

Nächstenliebe	III,1; III,3; V,2; VI,1-4; VII,1; VIII,4
Nord-Süd-Problematik	III,1; III,3
Not	siehe Leid

O

Ohnmacht	siehe Macht
Opfer	siehe Leid, Buße

P

Papst	siehe Amt
Partnerschaft	siehe Liebe
Passion	siehe Jesus Christus
Passivität	II; IX,1
Predigt	V,3; VI,3; VI,4
Protest	III,2; VIII,1; VIII,3; IX,2; IX,3

R

Rassenkonflikte	III,3
Realität	VII,1; VII,2; VII,4; VIII,3; IX,1; IX,2
Reichtum	III,1; IV,2; IV,3; V,1; VII,2; IX,1
Reich Gottes	siehe Jesus Christus
Reformation	siehe Konfessionen
Religionskritik	II; III,2; IV,3; V,1; V,3; VIII,1; VIII,3; IX,1
Rom	IV,1; V,1-4; VI,1; VI,2 (siehe Amt)

S

Sakrament	V,2; IX,1
Schöpfung	VII,1; VII,4
Schuld	siehe Sühne
Selbstvergottung	siehe Sünde
Sexualität	siehe Liebe
Sinnfrage	III,4; VII,2; VIII,1; VIII,4; IX,1; IX,2
Solidarität	III,3; VIII,4
Spiel	IX,1
Stolz	V,1; VII,1; VII,2; VIII,1
Streß	VIII,2
Sünde	III,1; V,3; VI,1; VII,2; VIII,1; VIII,4
Symbole	II; III,1-4; VII,2; VII,3; VIII,1-3; IX,1; IX,2

T

Tapferkeit	VI,2; VIII,4
Technik	VII,1; VIII,2; IX,1
Terror	III,1; III,3; V,2; VIII,3; VIII,4; IX,3
Teufel	II; VII,4

Tod	siehe Auferstehung
Tradition	IV,1; VI,1; VIII,3; IX,1

U

Umwelt	VII,1; VII,4
Unendlichkeit	VII,1; VII,2; VIII,1; IX,2
Unsterblichkeit	siehe Auferstehung
Utopie	siehe Zukunft

V

Vatikan	siehe Rom
Verantwortung	III,1; V,2; VI,1-4; VII,1-4; VIII,3; VIII,4; IX,1; IX,3
Verfolgung	siehe Martyrium
Vergebung	siehe Beichte
Verkündigung	siehe Predigt

W

Wahrheit	III,1; III,3; IV,1; V,1; V,3; VI,1-4; VII,1-3; VIII,2; IX,1; IX,3
Weltbild	V,1; V,2; VI,1; VII,1-4; VIII,1-4; IX,1-4
Werte	II; III,1; III,3; IV,3; V,2; V,3; VI,1-4; VII,1-4; VIII,2; VIII,4; IX,1; IX,3
Widerstand	III,4; VI,2; IX,3
Wirtschaft	VII,2; VIII,2
Wissenschaft	VII,1
Wohlstand	siehe Reichtum

Z

Zeit	IV,4; VIII,2
Zerstörung	siehe Gewalt
Zivilcourage	IX,3
Zorn	III,3; V,2; VI,1; VI,2
Zufriedenheit	VIII,3; IX,1
Zukunft	IV,4; VII,1; VII,4; VIII,3; IX,1-4
Zwang	siehe Gewalt

Bildquellen

II   Borislav Sajtinac, Vergelt's Gott
Rechte beim Zeichner

III,1   Rogelio Naranjo, Die Anbetung
Rechte beim Zeichner

III,2   Hans-Georg Rauch, Zensur
Rechte Ursula Rauch

III,3   A. Paul Weber, Schwarz und Weiß
© VG Bild-Kunst, Bonn 1995

III,4   A. Paul Weber, Sturmgepäck
© VG Bild-Kunst, Bonn 1995

IV,1   Fips Erlinghäuser, Das Konklave
Rechte beim Zeichner

IV,2   Hans-Georg Rauch, Der Bovist
Rechte Ursula Rauch

IV,3   Ivan Steiger, Die Verwaltung
Rechte beim Zeichner

IV,4   Waldemar Mandzel, Zeichen der Zeit
© Mandzel/Baaske Cartoons München

V,1   A. Paul Weber, Der Großinquisitor
© VG Bild-Kunst, Bonn 1995
El Greco, Der Großinquisitor, um 1600

V,2   Frans Masereel, Die Kirche –1916, Holzschnitt
© Stiftung Studienbibliothek zur Geschichte der
Arbeiterbewegung, Zürich

V,3   Szymon Kobylinski, Die Predigt
Rechte beim Zeichner

V,4   Jules Stauber, Himmels-Hierarchie
© Stauber/Baaske Cartoons München

VI,1   A. Paul Weber, Humanae Vitae
© VG Bild-Kunst, Bonn 1995

VI,2   Hubertus Leischner, Die Begradigung
Rechte beim Zeichner
Remake nach einer Zeichnung aus: Zentrums-Album
des Kladeradatsch, 1870-1910

VI,3   Hubertus Leischner, Der Hirtenbrief
Rechte beim Zeichner
Remake nach einer Zeichnung aus: Friedrich
Wendel, Die Kirche in der Karikatur, Berlin 1928

VI,4   Ivan Steiger, Das Siegertreppchen
Rechte beim Zeichner

VII,1   Olaf Gulbransson, Der Mensch denkt
© VG Bild-Kunst, Bonn 1995

VII,2   Quino, Der Altar
© 1995 Quipos/Distr. BULLS

VII,3   Jan Tomaschoff, Der Jongleur
© Tomaschoff/Baaske Cartoons München

VII,4   Heinrich Kley (gest. 1945), Pfui Deifel!
Aus: F. Bohne (Hg.), Der Deutsche in seiner Karika-
tur. 100 Jahre Selbstkritik. Friedrich Bassermann'sche
Verlagsbuchhandlung, Stuttgart

VIII,1   Gott ist tot!
Zeichner unbekannt

VIIII,2   Quino, Geschäfte
                 © 1995 Quipos/Distr. BULLS

VIII,3   Ernst Volland, Erziehung
                 Rechte beim Zeichner

VIII,4   A. Paul Weber, Die Sünderin
                 © VG Bild-Kunst, Bonn 1995

IX,1   Fips Erlinghäuser, Kirche der Zukunft?
                 Rechte beim Zeichner

IX,2   Juan Ballesta, Und die Steuernummer?
                 Rechte beim Zeichner

IX,3   Jan van Wessum, Die Wahrheit
                 Rechte Els van Wessum

IX,4   Vladimir Rencin, Und das Ende?
                 Rechte beim Zeichner